Steve Ayan

LOCKER LASSEN

Warum weniger Denken
mehr bringt

Klett-Cotta

Nimm eins
lies eins
bring eins

Öffentlicher
Bücherschrank
Obermendig
Teichwiese 1

Kein Weiterverkauf · Pro Mendig e.V.

Klett-Cotta
www.klett-cotta.de
© 2016 by J. G. Cotta'sche Buchhandlung
Nachfolger GmbH, gegr. 1659, Stuttgart
Alle Rechte vorbehalten
Printed in Germany
Cover: Rothfos & Gabler, Hamburg
unter Verwendung einer Abbildung von Artenauta / fotolia.
Hirngrafiken von Yousun Koh
Gesetzt von Fotosatz Amann, Memmingen
Gedruckt und gebunden von CPI – Clausen & Bosse, Leck
ISBN 978-3-608-98049-3

Zweite Auflage, 2016

Bibliografische Information der Deutschen Nationalbibliothek
Die Deutsche Nationalbibliothek verzeichnet diese Publikation in der
Deutschen Nationalbibliografie; detaillierte bibliografische
Daten sind im Internet über http://dnb.d-nb.de abrufbar.

Für Mira, die mich
das Staunen lehrt

»Manchmal sitze ich da und denke.
Und manchmal sitze ich nur da.«
David Hume

»Es ist recht sehr leicht, glüklich zu seyn
mit seichtem Herzen und eingeschränktem Geiste.«
Friedrich Hölderlin

Inhaltsverzeichnis

*Worin wir einem exzentrischen Lord und seiner Wortschöpfung
begegnen, welche besagt, dass manche Zufälle im Leben längst nicht so
zufällig sind wie andere.*

*Welches verdeutlicht, warum Sinn und Sinnlichkeit eng zusammenhän-
gen und wir selbst dann unseren Weg finden, wenn wir nicht wissen wie.*

3. Kapitel:
*Welches zeigt, dass wir oft gerade das Richtige tun, wenn wir uns keinen
Kopf darum machen.*

4. Kapitel:
*Welches erklärt, wie man das Gewicht der Gedanken misst, warum wir
uns nicht selbst kitzeln können und weshalb Tagträume besser sind als
ihr Ruf.*

5. Kapitel:
*Welches Sie endgültig davon überzeugt, dass selbstvergessene
Augenblicke mehr zählen als absolute Effizienz und Kontrolle.*

Einleitung
Vom Nutzen und Nachteil des bewussten Lebens

Beginnen wir mit einem Experiment. Keine Angst, es ist ganz einfach: Stellen Sie sich bitte vor einen Spiegel und betrachten Sie sich selbst. Denken Sie dabei möglichst an gar nichts weiter, sondern konzentrieren Sie sich nur auf sich! Was geht dabei in Ihnen vor? Na los, worauf warten Sie?[1]

... Und?

Lassen Sie mich raten: Die Sache ging nicht lange gut. *Ist dieses Fältchen da neu? Du wirst eben auch nicht jünger. Aber zum Frisör könntest du mal wieder gehen. Vielleicht am Wochenende. Ach, da sind wir ja bei Schmitts zu Besuch. Hoffentlich wird das nicht wieder so krampfig wie beim letzten Mal ...* – Sobald Sie bemerken, wie Ihre Gedanken abschweifen, holen Sie sie zurück. *Was denkst du denn da? Konzentrier dich – auf dich! Kann doch nicht so schwer sein.*

Aber ja, es kann! Seine Aufmerksamkeit voll und ganz auf sich zu lenken, ist eine Qual. Wir sind von Natur aus miserabel darin. Unser Denken tritt nicht gern auf der Stelle, sondern es schwärmt aus und produziert all die Geschichten, Pläne, Erwartungen, Wünsche und Sorgen, die unser Leben ausmachen. Mit viel Übung mag es gelingen, den mentalen Fokus zeitweise auf die innere Mitte zu heften (wo auch immer die ist). Und das Gefühl der Macht, das sich dabei einstellt, hat durchaus etwas. Wer würde nicht lieber seinen Geist beherrschen, als von ihm beherrscht zu werden? Aber das klappt nicht auf Dauer.

Der Strom Ihrer Gedanken reißt niemals ab. Nicht einmal nachts, wenn Sie schlafen, denn Ihr Gehirn ruht nie. Permanent ziehen Einfälle, Assoziationen und Bilder durch die Schluchten Ihrer Hoffnungen und Ängste, mäandern durch das Delta der Triebe und münden in den unermesslichen Ozean des Unbewussten. Das bewusste Ich, um im Bild zu bleiben, ist nur die Gischt auf dessen Wellen. Von dem Tohuwabohu in der Tiefe darunter bekommen Sie, dieses bewusste Ich, nichts mit. Und das ist auch gut so.

Kehren wir noch einmal zu unserem Experiment zurück. Sie stehen also vor dem Spiegel und horchen in sich hinein. Nur, wie machen Sie das eigentlich? Kurz gesagt: Sie versuchen, all das auszublenden, was Sie ablenken könnte – äußere Reize genauso wie gedankliche Assoziationen. In diesem Augenblick arbeitet jener Teil Ihres Gehirns auf Hochtouren, der den Scheinwerfer der Aufmerksamkeit ausrichtet.[2] Und das schlaucht! So sehr, dass die mentale Selbstkontrolle schon bald erlahmt.

Trotzdem bemühen wir sie andauernd. Denn ein Mangel an bewusster Kontrolle[3] gilt heute als die Wurzel fast aller Übel. Ob Stress im Beruf oder Partnerprobleme, Übergewicht oder Umweltsünden, Misserfolg oder Sinnleere, um all dem vorzubeugen, so glauben wir, müsse man zuerst an der eigenen Haltung arbeiten. Mehr Achtsamkeit! Mehr

Nachdenken! Mehr Bewusstsein! So finde man zur inneren Harmonie und nebenbei rette man auch noch die Welt.

Viele Menschen hat ein regelrechter Bewusstseinsfimmel ergriffen: Sie glauben, nur wer alles bedenke und ganz »bei sich« bleibe, werde seines Lebens froh. Also gelte es, alles möglichst bewusst zu tun – bewusst arbeiten, bewusst entspannen, bewusst kommunizieren, bewusst einkaufen, bewusst essen, bewusst atmen, eben einfach bewusst leben. Ist das der Königsweg zum Glück?

Laut Psychologen, Hirnforschern und Verhaltensökonomen ist die Macht des bewussten Denkens eng begrenzt. Ihren Befunden zufolge erschöpft es nicht nur rasch, sondern es erweist sich oft als kontraproduktiv. Wer sich in den Fokus seiner Aufmerksamkeit nimmt und das eigene Tun bewusst zu steuern versucht, hat regelmäßig das Nachsehen: beim Lernen und Vergessen, beim Entscheiden und Schlussfolgern, beim Bewegen und im sozialen Umgang sowie bei dem Versuch, sein Verhalten zu ändern oder einfach Freude zu empfinden. So mancher steht sich mit dem gesteigerten Bewusstsein selbst im Weg.

Je stärker wir uns selbst kontrollieren, desto schwerer fällt es uns, echte Befriedigung zu finden. Statt uns dem Glück näher zu bringen, lässt uns die Konzentration aufs Ich häufig Chimären nachjagen. So paradox es klingen mag: In vielen Fällen haben wir tatsächlich *mehr* davon, wenn wir uns und unserem Tun *weniger* Aufmerksamkeit schenken. Und aus diesem Grund bemühen sich viele Menschen nicht etwa zu wenig darum, alles richtig zu machen, sondern zu sehr!

Ich möchte in diesem Buch zeigen, dass wir vielmehr aus den selbstvergessenen Momenten im Leben Kraft und Klarheit schöpfen. Wer auch einmal gedankenlos dahintreibt, wer nicht bedenkt, sondern sich zerstreut, Tagträumen nachhängt oder einer Leidenschaft frönt, der verschwendet damit gerade nicht seine Zeit, wie uns die Bewusstseinsgurus glauben machen wollen. Woher kommt die Idee, mehr Denken führe automatisch zu mehr Zufriedenheit und Erfolg? Und wie lautet die Alternative? Darum geht es in diesem Buch.

Zu viel des Guten

Das Merkwürdige am eingangs geschilderten Experiment ist, dass einem das, worauf man sich dabei konzentrieren soll, wie ein glitschiges Stück Seife immer wieder entwischt. Was bleibt übrig, wenn ich die großen und kleinen Dinge des Lebens, das vermeintlich Wichtige und das Abseitige, das mein Denken erfüllt, ausblende? Ich – das ist kein Ding, sondern eine Sichtweise: eben meine Art, die Welt zu betrachten, einschließlich aller Lücken, Verzerrungen und Schönfärbereien. Sobald ich den Blick von der Welt abwende, ist auch meine individuelle Sicht darauf passé. Das Subjekt braucht ein Objekt, um sich darin zu spiegeln.

Bevor es allzu philosophisch wird, halten wir fest: Das bewusste Nachdenken hat nicht immer Vorteile. Manchmal fördert es Fehler und Unruhe statt ihnen vorzubeugen. Denn unser Denken ist keineswegs so absichtsvoll und kontrolliert, wie wir glauben. Und weil wir es für mächtiger halten als es ist, sitzen wir so leicht dem Irrtum auf, mehr denken helfe immer.

In unserer vom Optimierungsstreben dominierten Zeit glauben viele Menschen, sie müssten alles durchdenken und im Griff haben: Warum sie gerade das tun, was sie tun, und wieso es ihnen gerade so geht, wie es ihnen geht, und wie sie noch besser, kompetenter und authentischer sein können. Bei alldem kommen sie jedoch nie an ein Ziel, denn jenes Ich, das sie optimieren wollen, und das Maß an Bewusstheit, von dem sie träumen, gibt es nicht.

Der Bewusstseinsfimmel ist so weit verbreitet, dass er fast jeden irgendwann einmal ergreift. Viele Beispiele in diesem Buch entstammen meinem eigenen überspannten Denken und bestimmt erkennen Sie sich oder Menschen aus Ihrem Umfeld – Freunde, Angehörige, Kollegen – darin wieder. Wir alle suchen hin und wieder die Stopptaste für unseren rastlosen Geist, doch kaum jemand vermutet sie im unbekümmerten Laissez-faire. Diese Fähigkeit brauchen wir heute aber dringender denn je.

Von den gut 4000 repräsentativ ausgewählten Deutschen, die am Freizeit-Monitor 2014 der Stiftung für Zukunftsfragen teilnahmen, nannten fast Dreiviertel (71 Prozent) »den eigenen Gedanken nachgehen« als einen ihrer häufigsten Zeitvertreibe.[4] Das waren mehr als doppelt so viele wie 20 Jahre zuvor, bei der Erhebung von 1994 (29 Prozent). »Über wichtige Dinge reden« hat mit 63 gegenüber 28 Prozent ebenfalls stark zugelegt. Dagegen gab zuletzt nicht einmal mehr jeder Zehnte (7 Prozent) an, regelmäßig Freunde zu sich einzuladen oder eingeladen zu werden (1994 war es 28 Prozent). Zugleich führen »spontan sein« und »Freunde treffen« die Liste der unerfüllten Freizeitwünsche an. Sind wir so sehr mit uns beschäftigt, dass wir die schönen Dinge des Lebens darüber vergessen?

Natürlich müssen wir uns immer wieder auf uns besinnen. Anders wären wir kaum fähig, einer schnellen Verlockung zu widerstehen und übergeordnete Ziele zu verfolgen. Würden wir nicht unsere Aufmerksamkeit lenken, wären wir dem Feuerwerk der Eindrücke hilflos ausgeliefert. Angesichts der Informationsflut in Zeiten von Smartphone und Internet wissen wir oft nicht, wo uns der Kopf steht. Je mehr News, Posts, Apps und Adds auf uns einprasseln, desto mehr fragen wir uns, was wirklich zählt. Der Drang nach innen mag da verständlich sein, doch mehr Ruhe und Orientierung beschert er uns nicht.

Hinzu kommt das Primat der Selbstverbesserung: Wir haben gelernt, das Ich als Kapital zu betrachten; Stärken müssen genutzt und ausgebaut, Schwächen getilgt werden. »Man soll sein Können in möglichst viele Richtungen mobilisieren, um in den Vollbesitz seiner Möglichkeiten zu kommen«, erklärt der Soziologe Heinz Bude den aktuellen Zeitgeist. »Daraus ergibt sich aber auch: Wenn man scheitert, dann nicht an den Grenzen, die einem gesetzt werden, sondern an sich selbst. (...) Das ist für viele Menschen ein echtes Problem, weil es eine Stimmung der Angst erzeugt, der Sorge zu versagen.«[5]

Glück empfinden wir allerdings vor allem dann, wenn wir gerade nicht bei uns, sondern *außer uns* sind. Wenn wir uns mit anderen verbunden fühlen, eine Einsicht oder eine zündende Idee in uns aufblitzt, wenn wir uns einer Lust hingeben, sei es dem Rausch der Bewegung, der Musik, des Spielens oder der Liebe, oder wenn wir an etwas teilhaben, das unser eigenes Dasein übersteigt. Solche Erfahrungen lassen sich nicht herbeizaubern, aber man kann ihnen den Boden bereiten. Wie, das soll dieses Buch ein wenig zu verstehen helfen.

Die Forschungsergebnisse, die ich dafür gesichtet habe,[6] machen deutlich: Das bewusste Denken ist widerspenstiger, als wir meinen. Ein Beispiel dafür gab der Psychologe Daniel Wegner von der Harvard University bereits vor fast

30 Jahren. Wer versucht, *nicht* an einen weißen Bären zu denken – so die Aufgabe in Wegners Experiment –, dem erscheint dieses Bild fast unvermeidlich vor dem inneren Auge.[7] Dieses Phänomen ging als der *White-Bear*-Effekt in die Fachliteratur ein. Es ist nur eine von vielen Paradoxien und Denkfallen, die uns im Alltag begleiten. Sie offenbaren nicht nur eine Menge über die Natur unseres Geistes, sondern haben auch praktische Konsequenzen. Um etwa gesünder zu essen oder das Rauchen aufzugeben, sollte man sich mental nicht zu sehr darauf einschießen; denn wer partout nicht an sein Laster denken will, tut es gerade darum umso eher – und kommt schwerer davon los. Um schlechte Gewohnheiten abzulegen, bedarf es deshalb weniger eines eisernen Willens als vielmehr der richtigen Ablenkung!

Ist jene »böse« Zerstreutheit, die wir so gerne beklagen, vielleicht gar nicht schlimm? Hat unser fahriger Geist sogar etwas für sich? Ich meine: Ohne das Übermaß an Bedenken und Nöten, welches uns der Bewusstseinsfimmel einflößt, entpuppt sich das unglückliche, weil gedankenlose Ich als Klischee.

Was heißt hier denken?

Die berühmte Skulptur »Der Denker« von Auguste Rodin (1840–1917) steht sinnbildlich für den menschlichen Geist. Was die wenigsten wissen: Rodin konzipierte die Figur ursprünglich als Teil eines Höllentors, das unvollendet blieb. 1880 wurde der Bildhauer beauftragt, das Eingangsportal zum geplanten Kunstgewerbemuseum am Gare d'Orsay in Paris zu entwerfen. Es sollte ein Flachrelief nach Motiven aus Dante Alighieris *Die Göttliche Komödie* werden. Die Museumspläne ließ man aus Geldmangel zwar bald fallen, Rodin aber inspirierte die »Porte de l'enfer« zu einigen seiner schönsten Werke wie »Der Kuss« und eben »Der Denker«.

Die Gestalt des Sinnenden, der in gebückter Haltung, den Kopf auf die Faust gestützt, in die Tiefe blickt, sollte Dante selbst darstellen, wie er die Geknechteten betrachtet. Wacht er über sie? Grübelt er über die Ursachen der Pein? Oder gehört er selbst zu jenen Leidenden, in deren Reigen er sich so harmonisch einfügt? Diese Spannung macht den Reiz des Kunstwerks aus.

Bewusstsein, Aufmerksamkeit und Denken sind natürlich nicht dasselbe, und man sollte sie nicht in einen Topf werfen. Wenn wir sagen, wir würden etwas »bewusst tun«, meinen wir damit dreierlei: Dass wir ganz auf das jeweilige Tun fokussieren und uns nicht ablenken lassen, dass wir es kontrollieren und steuern, es uns also nicht nur unterläuft, und dass wir es mit Bedacht ausführen, das heißt, alle relevanten Faktoren und möglichen Folgen einkalkulieren. Fokus, Kontrolle und Bedachtheit heißen die Ideale derer, die am Bewusstseinsfimmel leiden.

Die Sache hat nur einen Haken: »Denken« bezeichnet eine Tätigkeit, die ebenso bewusst wie unbewusst ablaufen kann – obwohl wir in der Alltagssprache damit meist nur die erste Variante meinen (in diesem Sinn ist das Wort auch im Untertitel dieses Buches gebraucht). Traditionell verstehen Psychologen unter Denken das zielgerichtete Lösen von Problemen, eine Art geistiges Probehandeln, das es uns erlaubt, Szenarien durchzuspielen. Vom konvergenten, auf ein Ziel gerichteten Denken (etwa aus zwei Prämissen einen logischen Schluss ziehen) unterscheiden sie das divergente, das kreative Einfälle hervorbringt. Beide Formen – *nach*denken und *aus*denken – gehen im Alltag fließend ineinander über. Dass Fakten und Fiktionen dabei leicht verschwimmen, hat eine weitreichende Konsequenz: Nicht nur der Schlaf der Vernunft gebiert Gespenster, sondern auch ihr Übereifer!

Eine weitere wichtige Differenzierung ist die zwischen denken, grübeln und sich sorgen. Sorgen sind in die Zukunft gerichtet und meist von diffuser Angst geprägt: Und wenn ich meinen Job verliere? Wenn meine Beziehung zerbricht? Könnte ich eine schlimme Krankheit bekommen? Oder einen großen Fehler begehen? Grübeln nimmt dagegen eher Vergangenes ins Visier – verpasste Chancen oder bestimmte Ereignisse, etwa was andere gesagt oder getan haben. Dabei wälzt der Grübler immer wieder die gleichen, unbeantwortbaren Fragen und gerät mit jedem Versuch, sie zu klären, tiefer in eine Abwärtsspirale. Am Ende steht oft die Selbstverurteilung: *Jetzt grübelst du wieder und bleibst doch dumm; nicht einmal dazu taugst du!*

Jeder grübelt ab und zu, das ist ganz normal. Zum Problem wird es allerdings dann, wenn das Gedankenkarussell gar nicht mehr stillsteht und das Grübeln zwanghaft wird. Wo die Grenze zwischen tolerierbaren Bedenken und übersteigerter Grübelei verläuft, weiß allerdings niemand. Einzig der Leidensdruck des Einzelnen entscheidet. Was uns zu der Frage führt: *Leiden* die Opfer des Bewusstseinsfimmels überhaupt? Die Krux am Zu-viel-Denken ist tatsächlich, dass viele es nicht für ihr Problem, sondern für die Lösung halten. An notorischen Grüblern lässt sich das gut beobachten: Sie bemerken ihr Grübeln zunächst entweder kaum oder sie bewerten es positiv. Sie haben das fragliche Thema nur noch nicht richtig, nicht ausgiebig genug durchdacht.

Verabschieden wir uns davon, dass nur der richtig lebe, der sein wahres Ich kennt und alles kontrolliert. Es gibt kein wahres Ich. Und wir können niemals alles kontrollieren. Statt darüber zu verzagen, sollten wir begreifen: Weniger ist mehr! Nur wer sich vergisst, findet zu sich.

Mut zur Selbstvergessenheit

Vor einigen Jahren beschrieb ich den modernen Psychokult als eine Quelle vieler Seelennöte.[8] Als Gegenmittel empfahl ich damals mehr Selbstvergessenheit – nur was das sei, führte ich nicht näher aus. Seitdem beschäftigte mich die Frage, wie das Nichtdenken unser Leben bereichert und wie wir es im Alltag kultivieren können.

Sich selbst vergessen bedeutet laut Wörterbuch »so konzentriert auf seine Gedanken oder auf eine Tätigkeit sein, dass man nicht merkt, was um einen herum passiert«.[9] Die Synonyme sind überwiegend negativ konnotiert: gedankenlos, zerstreut, geistesabwesend. Selbstvergessenheit hat einen schlechten Ruf, obwohl wir doch wissen, wie berauschend sie sein kann. Jene seligen Augenblicke der Kindheit, als man ganz im eigenen Tun aufging, erscheinen uns rückblickend als Brennpunkte des Glücks, und so mancher wünscht sich, er könnte noch einmal so bedenkenlos in eine Sache vertieft sein.

Andererseits fürchten wir uns aber auch davor. Wer sich hingibt, der ist schließlich nicht mehr Herr über sich; er macht eine Reise ins Ungewisse, ohne Lenkrad und Bremse. Dieses Buch soll Mut machen, der Selbstvergessenheit zu trauen. Denn sie beschert sie uns oft die machtvollsten Erfahrungen im Leben.

Wir halten uns für rationale Wesen, die effizient Informationen verarbeiten und Probleme lösen. Dabei übersehen wir jedoch das unberechenbare Moment, das in uns steckt. Gehirne kommen nur per Versuch und Irrtum ans Ziel, das unterscheidet sie grundlegend von Computern. Anders als ein Rechner, der die ihm einprogrammierten Schritte abspult, ist der Mensch von Natur aus ein Schlendrian, ein Durchwurstler. Das ist sogar wissenschaftlich erwiesen!

So stieß ich bei der Recherche zu diesem Buch auf eine Vielzahl von Laborexperimenten und Feldstudien, die ein verbreitetes Dogma entkräften: Wir müssen nicht alles im Griff haben. Und wir sollten uns auch nicht über alles den Kopf zerbrechen. Die Dosis macht das Gift, wusste schon der Humanist und Arzt Paracelsus (1493–1541), und dieser Grundsatz gilt auch für unseren Geist. Lassen wir uns nicht weismachen, mehr Bewusstsein helfe immer. Statt dem Glück hinterherzurennen, sollten wir ihm Gelegenheit geben, unseren Weg zu kreuzen.

Zwei Missverständnisse will ich gleich zu Beginn ausräumen: Erstens heißt Selbstvergessenheit nicht, alles Nachdenken und Selbst-Reflektieren einzustellen. Wie auch? Es geht nicht darum, ignorant durchs Leben zu stolpern (zumal man sich nicht aussuchen kann, wie ignorant man sein will). Die Zähne zusammenbeißen und Probleme beiseite schieben ist ebenso wenig Sinn der Sache. Es geht darum, was uns wirklich weiterhilft: Gedankenakrobatik oder Lockerlassen?

Und zweitens ist dieses Buch kein Ratgeber zum Umgang mit seelischen Notlagen. Bei gravierenden Leiden sollten Sie einen gut ausgebildeten Psychologen oder Mediziner aufsuchen. Gleichwohl ist es häufig auch im Rahmen einer Psychotherapie sinnvoll, Formen des selbstvergessenen Tuns wiederzuentdecken. Im Augenblick aufzugehen, ohne Hintergedanken und ohne Plan – das tut der Psyche gut und kann sogar ihre Heilung fördern.

Selbstvergessenheit stellt sich freilich nicht per Knopfdruck ein. So wie man nicht vorsätzlich spontan sein kann, kann man auch nicht *bewusst* abschalten. Wir können nur einen Rahmen dafür schaffen, Rituale und andere Formen gedanklicher Auszeiten pflegen oder uns mit Hilfe anderer Menschen oder bewegender Momente von der Fixierung aufs Ich lösen.

Was Menschen glücklich macht, weiß im Grunde jeder. Nicht Geld, sondern Erfahrungen. Nicht Besitz, sondern Beziehungen. Teilen statt horten. Helfen und Hilfe erhalten. Dankbar sein. Lob und Anerkennung bekommen und anderen spenden. Etwas schaffen. Gemeinschaft erleben. Den eigenen Körper spüren. Sich überwinden. Krisen meistern. An etwas glauben. Den Weg wichtiger nehmen als das Ziel. Wir wissen auch: Glück bleibt nicht. Es ist nicht von Dauer, sondern kommt und geht. Das alles wissen wir nur zu gut. Warum handeln wir nicht danach?

Weil wissen und tun verschiedene Paar Stiefel sind. Wir sollten uns nicht über Kleinigkeiten ärgern, trotzdem passiert es uns ständig. Wir sollten Nachsicht üben, aber wir gehen hart mit uns und anderen ins Gericht. Zeigt das nicht gerade, dass uns Selbstvergessenheit eher schadet? Ist nicht die Gedanken*losigkeit* unser Problem? Wenn ich Sie vom Gegenteil überzeugen könnte, wäre ich glücklich.

Festhalten und loslassen, anstrengen und entspannen, sich konzentrieren und sich ablenken – zwischen diesen Polen bewegt sich unser Leben. Es zu gestalten, bleibt jedem selbst überlassen. Dafür gibt es kein Patentrezept, keine To-do-Liste zum Auswendiglernen. Wir brauchen keinen »Fahrplan« zum Glück, denn man findet es eher, je weniger man danach sucht.

Und das erwartet Sie im Folgenden: Zunächst werfen wir einen Blick darauf, warum wir die besten Ideen oft dem Zufall verdanken und wie er sich bezirzen lässt. Viele großartige Einsichten und Durchbrüche gehen auf ein Phänomen namens Serendipität zurück, glückliche Fügungen, die unvorhersehbar, aber gewissermaßen reif waren. Und man kann ihnen sogar nachhelfen!

Das zweite Kapitel erklärt, warum unser Geist längst nicht so kühl und abstrakt arbeitet, wie wir glauben. Die Erkenntnis, dass unser Körper mitdenkt, steht im Zentrum der Embodimentforschung. Ihre Resultate haben weitreichende Folgen für unseren Alltag.

Das dritte Kapitel verrät, weshalb der Gegensatz zwischen Bauchgefühl und rationalem Abwägen eine Illusion ist, und warum man eine vertrackte Angelegenheit, nachdem man sich eine Weile mit ihr beschäftigt hat, am besten ruhen lässt und sich auf andere Gedanken bringt.

Im vierten Kapitel steigen wir in die Tiefen des Gehirns hinab und ergründen, weshalb es niemals ruht, sondern laufend assoziiert und nach vorne blickt.

Das fünfte und letzte Kapitel schließlich ist der Tatsache gewidmet, dass die schönsten Momente solche sind, in denen das Denken einmal Pause macht.

Die hier dargelegte Sicht auf unsere bewusste Handlungssteuerung mag überraschen, vielleicht sogar verstören. So sehr sind wir gewohnt, Denken und Bewusstsein für Garanten des guten Lebens zu halten, dass es schwerfällt, sich davon zu lösen. Und natürlich stellt sich dann automatisch die Frage, wie wir uns anders als mittels willentlicher Anstrengung auf den Alltag einstellen können. Auch das werde ich zu beantworten versuchen.

Sie können dieses Buch nicht zuletzt auch als Sprungbrett zum Weiterlesen benutzen; dazu dienen die Anmerkungen und Literaturhinweise am Schluss. Wie ich aus eigener Erfahrung weiß, fehlt uns ja oft nur der richtige Anstoß, um über das eigene Denken hinauszusteigen.

Vielleicht hilft dabei auch ein Bild: Stellen Sie sich vor, das Leben sei ein Klettergerüst. Wir hangeln uns von Holm zu Holm, stets hoffend, dass wir den nächsten zu fassen kriegen. Die Kunst besteht darin, im richtigen Moment loszulassen. Denn wer sich festklammert, verliert den Schwung, den er braucht, um voranzukommen.

Hep, hep, hep!

Intermezzo: Wir Kontrollfreaks

(aus einem Internetforum)[10]

andersanders:

Hi, ich hab ein ziemliches Problem mit mir! Ich bin ununter-
brochen am Denken – über mich selber, über das, was andere
über mich denken, über den Sinn des Lebens, darüber warum
man denkt, wie man denkt, wo der Ursprung des Verhaltens liegt,
warum man sich benimmt, wie man sich benimmt, ob es angemessen ist zu lachen nach einem Witz, wie man die Welt und die
Menschen verbessern könnte, ob ich richtig gehe beim Gehen, ob
ich beim Schreiben alles richtig geschrieben hab, wie sich mein
Gehirn verhält, wenn ich einschlafe. Diese ununterbrochenen
Gedankengänge erschweren mir das Zusammenleben mit der
Umwelt erheblich (und ich bin keiner, der irgendwie isoliert von
der Außenwelt ist). Die Folgen vom zu vielen Denken sind unter
anderem Konzentrationsschwierigkeiten, Übermüdung und
Depressionen. Die einzigen Momente, in denen ich nicht denke,
sind wenn ich sehr viel Alkohol trinke – dass dies keine Lösung ist,
ist mir auch klar. (…) Meine Frage ist, ob ich mich einfach damit
abfinden muss, dass ich ein Träumer oder einfach nur depressiv
bin, oder gibt es irgendeine Erkenntnis, die mir fehlt?

Kerry2:

Kann es sein, dass du so viel denkst, weil du glaubst, alles
kontrollieren zu müssen?

Mittagsstern:

Was hältst du davon, dein Denken auf ein Ziel zu richten?
Denken an sich ist ja nicht verkehrt, aber es sollte niemals gegen
sich selbst gerichtet sein. Viele Fragen, die du stellst, beschäftigen sich mit dem Sinn des Lebens, wende dich doch entspre-

chender Literatur zu, damit du deinem Gehirn Futter gibst und durch die Erkenntnisse zu dir selber finden kannst.

tinchen078:
So geht es mir auch ... oder ging! Ist schon besser geworden, ich wache allerdings morgens schon mit einem megavollen Kopf auf. Bin, während ich aufwache, schon am denken und über-legen, so dass ich mir teils denke: Jetzt hör auf zu denken, das ist ja nicht normal!

sophie:
Deine Berichte erinnern mich stark an mein eigenes Leben.
Die Perfektion, die ich nach außen zeigen möchte, die Selbstkon-trolle, auch die der Körpersprache usw. (...) Heute weiß ich, dass es durch einen Mangel an Selbstwertgefühl ausgelöst wurde. Ich hatte ständig das Gefühl, nicht so gut zu sein, wie meine Umwelt mich haben wollte (ich bildete es mir ein). Ich habe viel an mir gearbeitet, genieße heute den Tag und bin nicht schon beim nächsten Morgen, bevor er angefangen hat. (...) Manchmal schreibe ich auch die Gedanken auf, die mich nicht loslassen, dann kann ich sie aus meinem Kopf verbannen. Vielleicht hilft auch dir das.

andersanders:
Ich denke immer, dass alle anderen in allem besser sind und dadurch stresse ich mich, aus Angst zu versagen. Wobei mich dieser Stress, glaube ich, versagen lässt. Aber ich werde es mal versuchen, nur das Positive aus einem Tag zu ziehen, wobei ich diese positiven Gedanken nur sehr schwer aus den überwiegend negativen Gedanken befreien kann. Denn auch, wenn ich was gut gemacht habe, denke ich kurze Zeit später an etwas, das meiner Meinung nach schlechter und wichtiger war!

The_Master:

Auch ich habe Probleme mit Kontrolle. Wenn ich keine Kontrolle habe, fühle ich mich ausgeliefert. (...) Ich denke mir seit Kurzem: Hey, diese Gedanken, Gefühle bist nicht vollständig du. Es sind nur doofe Gedanken, Gefühle. Nicht mehr. Ich falle nicht auf diesen »Angstkreislauf« rein! Durch diese Technik beruhige ich mich und die Gedanken verschwinden und tauchen dann auch nicht mehr so oft auf.

1. Kapitel
SERENDIPITÄT oder
Wie man dem Schicksal
auf die Sprünge hilft

Diese Geschichte beginnt am 28. Januar 1754. Ihre Protagonisten sind ein exzentrischer englischer Lord, drei indische
Prinzen und ein wiedergefundenes Maultier, das eigentlich
ein Kamel war. Doch der Reihe nach.

An jenem Wintertag vor gut 260 Jahren schrieb Sir
Horace Walpole (1717–1797), der vierte Earl of Orford, auf
seinem Landsitz Strawberry Hill bei London einen Brief an
seinen Freund Horace Mann. Die beiden hatten sich
14 Jahre zuvor kennen gelernt, als Walpole auf seiner
»Grand Tour« durch Frankreich und Italien in Florenz Sta-
tion gemacht hatte. Mann war dort lange Zeit britischer
Botschafter beim Großherzogtum Toskana, das nach dem
Tod des letzten Medici 1738 an die Habsburger gefallen war.

In seinem Brief berichtete Walpole seinem Freund von
einer Entdeckung, die er kurz zuvor gemacht habe: In einem
Band über Wappenkunde war er auf die gleichen Insignien
gestoßen, welche in einem Porträt Bianca Cappellos (1548–
1587) auftauchten, das Mann ihm aus der Toskana zuge-
sandt hatte. Das Bildnis zeigte die Großherzogin, die aus

einem venezianischen Adelsgeschlecht stammte, wohl in reich verzierter Robe.

Vor lauter Begeisterung über diesen an sich unspektakulären Fund (man stelle sich Walpole als ebenso gelehrten wie verschrobenen Aristokraten vor) bezeichnete er ihn als Fall von *serendipity* – ein Wort, das er kurzerhand selbst erfand. Denn wie es der Zufall wollte,[11] erinnerte ihn die Sache an ein »albernes Märchen«, das er als Kind gelesen hatte: »Die drei Prinzen von Serendip«.

Serendip ist Sanskrit und ein alter Name für Ceylon, das heutige Sri Lanka. Dort spielt die Prinzensaga, die Walpole als Knabe in die Finger bekommen hatte und die ihm beim Verfassen des Briefes wieder in den Sinn kam. Das Original stammte vermutlich aus dem Persien des 13. Jahrhunderts. Durch eine italienische Übersetzung von 1557, der 1583 auch eine deutsche folgte, verbreitete sich das Märchen in Europa. Zu Beginn des 18. Jahrhunderts machte es unter gebildeten Briten die Runde, die zu jener Zeit von allem Orientalischen entzückt waren.[12]

»Die drei Prinzen von Serendip« schildert die Abenteuer der Söhne des weisen Königs Jafer, die in die Fremde ziehen, um ihre Bildung zu vervollkommnen und andere Sitten kennen zu lernen. In mehreren Episoden ziehen die drei in Sherlock-Holmes-Manier kuriose Schlüsse aus Beobachtungen entlang des Weges. Wie sich Walpole zu erinnern meint, hätten die Prinzen etwa erkannt, dass auf der Straße vor ihnen ein Maultier unterwegs gewesen sei, das auf dem rechten Auge blind war.

Tatsächlich treffen die drei in der Geschichte einen Kameltreiber, der eines seiner Tiere vermisst. (Hier spielte Walpole das Gedächtnis einen Streich: Er machte aus dem Höckertier ein für Engländer geläufigeres Maultier.) Auf die

Frage, ob sie den Ausreißer gesehen hätten, schütteln die Prinzen den Kopf – und erwidern: Ist das Tier auf einem Auge blind? Der Mann bejaht. Fehlt ihm ein Zahn? Stimmt auch. Und lahmt es? Wieder richtig! Woher sie das alles wüssten, fragt der Mann verblüfft. Sehr einfach, so die Brüder: Nur links des Weges sei gegrast worden, also musste das Tier rechts blind sein. Verstreute Büschel, die ihm beim Fressen aus dem Maul gefallen waren, offenbarten den fehlenden Zahn. Und dass das Tier lahmte, verrieten Schleifspuren im Sand.

Als die Suche nach dem Kamel zunächst erfolglos bleibt, glänzen die Prinzen mit immer neuen Details. Das Tier sei auf der einen Seite mit Butter, auf der anderen mit Honig beladen, erklären sie, und es trage eine Schwangere. Schließlich findet der Besitzer dank der Prinzen sein Tier samt Ladung und hochschwangerer Frau wieder.

Das also ist die Entstehungsgeschichte des Wortes *serendipity*. Doch zunächst schlummerte Walpoles Trouvaille viele Jahre in Manns Briefschatulle in Florenz. Es blieb bei der einmaligen Erwähnung im besagten Schreiben; weder der Autor noch sein Adressat nahmen je wieder darauf Bezug. Was insofern bemerkenswert ist, als die beiden Männer in den folgenden Jahren noch einige Hundert Briefe wechselten.

Bekannt wurde die geniale Wortschöpfung erst viel später: Im Jahr 1833 erschien Walpoles gesammelte Korrespondenz in Buchform, gefolgt von einer zweiten Sammlung 1857, die seinen Ruhm als »bester Briefschreiber des 18. Jahrhunderts« begründete. Walpole wurde stilprägend für das Genre – und beinahe unbemerkt trat die Serendipität aus dem privaten Sprachschatz eines exzentrischen Lords ans Licht der Öffentlichkeit.

Dezember 2014. Auf einer Zugfahrt blättere ich im *Mobil-Magazin* der Bahn. Mein Blick fällt auf eine Anzeige – der Heyne-Verlag wirbt in Pastelltönen für den Liebesroman *Ein Kuss zu viel* von Carly Phillips.[13] Neben dem Cover prangen drei Wörter: »Sexy, spannend, Serendipity«. Aha! Wie viele Leser damit wohl etwas anfangen können?

Serendipität – oft im englischen Original gebraucht – ist zu einem *Buzzword* geworden, zu einem Modebegriff, der öfter verwendet als verstanden wird.[14] Denn er scheint auf fast alles zu passen, was irgendwie mit Glück und Zufall zu tun hat: eine unerwartete Wendung, die Erfüllung eines alten Traums, eine Verkettung günstiger Umstände.

Anders als man vermuten könnte, hat »serendipity« etymologisch nichts mit »serenity« (Heiterkeit) zu tun; dennoch klingt darin eine Note freudigen Erstaunens an. Das *Oxford English Dictionary* definiert den Begriff als »das Talent, glückliche und unerwartete Zufallsentdeckungen zu machen«. Ein anderes großes Wörterbuch des Englischen, das amerikanische *Webster's New International Dictionary*, spricht von der »Gabe, wertvolle oder vorteilhafte Dinge zu finden, die man nicht gesucht hat«.

Serendipität heißt zu entdecken, worauf man gerade *nicht* aus war. Laut einem beliebten Bonmot ist das so, als würde man in einen Heuhaufen springen, um die Nadel zu finden – und mit der Tochter (oder dem Sohn) des Bauern herauskriechen. Kein Lottogewinn, keine lang ersehnte Liebe oder errungene Beförderung also, sondern ein Scheitern, das sich als Glücksfall entpuppt. Darin liegt der Hintersinn des Wortes: Der eigentliche Plan geht schief, doch dafür wird man mit etwas anderem belohnt. Im Deutschen würde man am ehesten vom Glück des Tüchtigen sprechen, was allerdings die ironische Note unterschlägt.

Serendipität beschreibt zudem weniger das Ereignis als vielmehr die Fähigkeit, den Zufall zu bezirzen. Dafür muss einiges zusammenkommen: Experimentierfreude, Beobachtungsgabe und Offenheit sowie auch eine gute Portion Erfahrung. Diese Eigenschaften ergeben eine typische Konstellation, eine mentale Grundeinstellung, die Louis Pasteur (1822–1895) als »vorbereiteten Geist« bezeichnete. Dieser ist für bahnbrechende Entdeckungen und Einsichten besonders empfänglich.

Die Auslöser sind meist subtil – eine kleine Anomalie, eine überraschende Beobachtung. Wie etwa jene, über die Wilhelm Conrad Röntgen (1845–1923) bei Experimenten in seinem Würzburger Labor 1895 stutzte. Der Physiker hantierte mit der damals gerade in Mode gekommenen Kathodenstrahlröhre – einem Glaskolben mit einem Vakuum im Innern, an den man eine elektrische Spannung anlegte. Daraufhin traten zwischen den Elektroden faszinierende Farbenspiele auf, die das Interesse vieler Tüftler weckten.

Eines Tages bemerkte Röntgen bei Versuchen mit seiner Röhre ein grünliches Schimmern. Es trat erstaunlicherweise am anderen Ende der Apparatur auf – außerhalb des Gefäßes! Das Entscheidende war nun, dass Röntgen der Sache auf den Grund ging. Selbst Gegenstände, die weiter von der Röhre entfernt waren, begannen auf einmal zu leuchten, wenn man sie richtig platzierte.

Röntgen bestrahlte alle möglichen Objekte mit dem unsichtbaren Licht. Manche, darunter menschliche Gliedmaßen, ließen sich regelrecht durchleuchten. Die Hand von Röntgens Frau Berta war der erste Körperteil in der Geschichte, von dem ein »Röntgenbild« entstand. Für seine Entdeckung wurde Röntgen 1901 mit dem ersten Nobelpreis für Physik geehrt.

Eine Fülle solcher Zufallscoups aus Wissenschaft und Technik trug der Journalist Martin Schneider zusammen.[15] Vermutlich haben Sie heute selbst schon mit einigen davon hantiert, ob beim Löffeln Ihres Frühstückseis, beim Packen Ihrer Tasche oder als Sie einen Merkzettel an die Kühlschranktür klebten. Edelstahl, Klettverschluss und Post-its kamen ebenso unverhofft zustande. Wie Schneider erläutert, hatten ihre Erfinder die Gabe, das vermeintlich Abseitige in den Blick zu nehmen.

Heute ist Serendipität Gegenstand vieler Forschungsrichtungen. Soziologen und Wissenschaftshistoriker, aber auch Psychologen, Informations- und Medienwissenschaftler nehmen sich ihrer an. Der niederländische Mediziner und »Serendipitologe« Pek Van Andel hat mehr als 1000 Beispiele gesammelt und ausgewertet.[16]

Ein viel zitierter Klassiker ist die Entdeckung des Penicillins durch den Schotten Alexander Fleming (1881–1955). Die Geschichte kennt fast jeder aus dem Biologieunterricht: Fleming ließ 1928 einige Petrischalen mit Bakterienkulturen in seinem Labor stehen, als er für ein paar Tage wegfuhr. Bei seiner Rückkehr stellte er fest, dass manche Kolonien eingegangen waren. Doch statt die Schalen einfach wegzuwerfen, sah auch Fleming genauer hin und erkannte, dass die Proben mit dem Schimmelpilz *Penicillium notatum* verunreinigt waren. Der produzierte offenbar eine Substanz, der die Bakterien abtötete. So stieß Fleming auf das erste Antibiotikum – eine Stoffgruppe, die Millionen Menschen das Leben retten sollte und aus der modernen Medizin nicht mehr wegzudenken ist.

Fleming hatte zwar Glück im Unglück; seine eigene Nachlässigkeit führte ihn letztlich zum Erfolg. Allerdings fand er genau das, wonach er schon lange gesucht hatte: ein Mittel gegen Bakterien, die so verheerende Krankheiten wie Typhus oder Wundbrand verursachten. Das Ziel war klar gewesen, nur der Weg dorthin nicht. Van Andel wertet Flemings Fund daher als einen Fall von »Pseudoserendipität«.[17]

Um viele große Entdeckungen ranken sich Legenden. Ob Isaac Newton (1642–1726) wirklich von einem herabfallenden Apfel zu den Gravitationsgesetzen inspiriert wurde oder ob ein pfeifender Teekessel James Watt (1736–1819) auf die Idee für seine Dampfmaschine brachte, ist sehr fraglich. Solche Anekdoten sollen uns eher sagen: Sieh an, ohne den Zufall wäre die Weltgeschichte um ein Haar ganz anders verlaufen! Selbst wenn man derartige Mythenbildungen abzieht, bleiben laut Van Andel viele gut dokumentierte Fälle von Serendipität übrig.

Sie widerlegen die Vorstellung, Wissenschaft und Technik schritten streng logisch voran. Forscher wissen im Gegenteil so gut wie nie, was bei ihrer Arbeit herauskommen wird, und der Zufall greift ihnen kräftig unter die Arme.

Wie unberechenbar das ist, zeigte der kanadische Psychologe Kevin Dunbar, als er den Alltag in mehreren molekularbiologischen Labors ein ganzes Jahr lang begleitete.[18] Mehr als die Hälfte der dort produzierten Resultate war unvorhergesehen. Die Teamgespräche drehten sich weit öfter darum, wie das Unerwartete zu deuten war, als darum, womit man gerechnet hatte. Oft weiß man mit einem neuen Stoff oder einer innovativen Methode auch erst einmal gar nichts anzufangen. Was im Rückblick nur folgerichtig erscheint, behob zunächst gar keinen bekannten Mangel, löste kein vorhandenes Problem. Wie bei der »Entdeckung« Amerikas durch Christoph Kolumbus (1451–1506), der das Land jenseits des Atlantiks bekanntlich für einen Teil Indiens hielt, ist der Fund allein nur die halbe Miete. Was er bedeutet, wird oft erst viel später klar. Das haben Tesafilm, Viagra und das Internet miteinander gemeinsam.

Eine Formel für Glückspilze

In einer aktuellen Literaturübersicht zur Serendipitätsforschung kommt der Informationswissenschaftler Naresh Agarwal vom Simmons College in Boston zu dem Schluss, eine allgemeingültige Definition des Phänomens stehe zwar noch aus.[19] Allerdings seien seine Hauptkomponenten bekannt. Wenn die Musik anderswo spielt, als man erwartet hat, bedarf es zunächst einmal feiner Antennen, um sie aufzuschnappen. Das macht den Kern der Serendipität aus: Nur wer offen dafür ist, findet das Unvorhergesehene. Es erscheint zudem meist als singuläres Ereignis, gefolgt von einer Phase der Inkubation, der (unbewussten) Verarbeitung, welche in eine neue Erkenntnis mündet.

Bereits Ende der 1940er-Jahre erklärte der Wissenschaftssoziologe Robert K. Merton (1910–2003) in seinem Buch *Soziale Theorie und soziale Struktur*, dass Forscher durch ihr methodisches Vorgehen Zufallsfunde geradezu provozieren. Merton beschrieb vier Merkmale von »Serendipitätsmustern«, die er mit dem Akronym CUDOS zusammenfasste. Es steht für Communismus, Universalität, Desinteressiertheit und organisierte Skepsis.

Communismus (wegen Verwechslungsgefahr mit der Marxschen Gesellschaftstheorie später in Communität umgetauft) besagt, dass alle Informationen frei verfügbar sind und nicht, wie etwa in esoterischen Zirkeln üblich, nur einem Kreis von Eingeweihten vorbehalten bleiben. Wissenschaftliche Durchbrüche sind keine Sache einsamer Genies, auch wenn es von außen betrachtet manchmal so erscheint. Sie sind vielmehr ein Gemeinschaftswerk, das auf dem Austausch und der ständigen Neubewertung des verfügbaren Wissens basiert.

Universalität beschreibt den Versuch, allgemeingültige Aussagen zu treffen, die mit möglichst wenigen Prämissen auskommen. Das erhöht die Chance, dass sie von jedermann anerkannt werden. Mit Desinteressiertheit bezeichnete Merton die Freiheit von unsachgemäßen Zwängen wie ökonomischem Gewinnstreben oder Prestigedenken, die den Erkenntniszuwachs hemmen, weil sie nur dasjenige Wissen zulassen, das diesen Zielen dienlich ist. Und organisierte Skepsis schließlich meint die gegenseitige Kritik und Kontrolle innerhalb der Forschergemeinschaft.

Zusammen mit seiner Kollegin Elinor Barber untersuchte Merton verschiedene Erscheinungsformen der Serendipität in Wissenschaft, Wirtschaft und Gesellschaft. Wie die beiden Soziologen betonen, ist sie nicht bloß ein Talent Einzelner, sondern ein kollektives Phänomen. Schulen, Universitäten, Unternehmen und Behörden können nur dann innovativ sein, wenn der Serendipität nicht starre Hierarchien und Bürokratismen im Weg stehen. Andererseits darf auch nicht blinder Aktionismus regieren. Die Kunst liegt in der Balance zwischen Offenheit und Kontrolle, Laissez-faire und Effizienzstreben. Inspiration und Selektion sind die Schlüssel zum Erfolg.

»Glückliche Zufälle ergeben sich aus der Aufgeschlossenheit für Möglichkeiten«, erklärt auch der US-amerikanische

Psychologe Daniel Goleman, »aber dann müssen wir darauf abzielen, sie nutzbar zu machen.«[20] Bildhaft gesprochen: Ideen gedeihen wie ein schöner Rasen – sie brauchen Luft zum Atmen, man sollte aber auch nicht vergessen, das Unkraut zu rupfen.

Alles schön und gut, denken Sie jetzt bestimmt – aber was hat das mit mir zu tun? Die meisten von uns sind weder Forscher noch Erfinder. Wir wollen nur ein Quäntchen Glück finden bei dem, was wir tun – im Beruf, in der Liebe und überhaupt. Doch dabei sind wir ebenso auf Serendipität angewiesen. Denn auch die alltäglichen Glücksfälle gründen auf Neugier und dem Vermögen, sich von Fehlschlägen nicht abschrecken zu lassen. Lassen wir uns von den Scheuklappen des Denkens nicht die Sicht versperren; engstirnige Geister verkennen die Chance, die in mancher flüchtigen Begegnung oder beiläufigen Beobachtung schlummert.

»Die Neigung des Menschen, die kleinen Dinge für wichtig zu halten, hat sehr viel Großes hervorgebracht«, schrieb der Physiker und Philosoph Georg Christoph Lichtenberg (1742–1799). Moderner formuliert es Daniel Goleman: »Ein aufgeschlossenes Bewusstsein schafft eine mentale Plattform für kreative Durchbrüche und unerwartete Einsichten.«[21] Wenn wir dies beherzigen, lässt sich das Schicksal zwar immer noch nicht zwingen, aber etwas nachhelfen kann man ihm schon.

Die Informationswissenschaftlerin Sanda Erdelez von der University of Missouri nennt jene, die diese Kunst besonders gut beherrschen, »super-encounterers«.[22] Nach Auswertung zahlreicher Interviews mit Menschen, die in ihrem Berufs- oder Privatleben auf neue, unverhoffte Erkenntnisse stießen, kam sie zu dem Schluss, dass das Talent, solche Glücksfunde zu machen, vor allem zwei Komponenten umfasst: noticing und preparedness – also das Vermögen, den Wink des Schicksals zu bemerken und ihn richtig zu deuten. Bei beidem komme einem das Sichlösen von gedanklichen Fixierungen zugute: Wer lockerlässt, ist für die Gunst des Zufalls empfänglicher.

»Wir kommen viel öfter auf Abwegen zum Ziel, als wir meinen«, erklärt die Forscherin.

Überlegen Sie einmal selbst: Was war das Beste, das Ihnen im Leben bislang widerfahren ist? Die erste Begegnung mit Ihrer großen Liebe; ein entscheidender Geistesblitz oder einfach im richtigen Moment am richtigen Ort gewesen zu sein? Und, hatten Sie es darauf angelegt oder traf es Sie unvorbereitet? Waren Sie mit Ihrer Aufmerksamkeit ganz bei der Sache oder gerade woanders? Und wie lange dauerte es, bis Ihnen aufging: Mensch, was für ein unheimliches Glück das war!

Offen sein, Dinge ausprobieren, genau hinschauen und keine voreiligen Schlüsse ziehen – all das erfordert Mut, denn das Unwägbare in Kauf zu nehmen, birgt stets die Gefahr, enttäuscht zu werden. Vielleicht haben empfängliche Geister deshalb oft einen ausgeprägten Sinn für Humor.[23] Heitere Gelassenheit macht das eigene Scheitern nicht nur erträglicher, sondern sogar weniger wahrscheinlich.

Zeit für eine kleine Verschnaufpause. Auf der folgenden, leeren Seite haben Sie Platz, einige der unverhofften Fügungen Ihres Lebens zu notieren. Viel Spaß dabei!

Im Bann der Aufmerksamkeit

Serendipität heißt, Unsicherheit anzunehmen, statt sich davor zu fürchten und sich davon verrückt machen zu lassen. Und dabei hilft nicht immer stärkeres, immer bewussteres Fokussieren, sondern im Gegenteil: Zerstreuung! Das wiederum hat viel mit der Natur unserer Aufmerksamkeit zu tun, die wir nun etwas näher betrachten.

Der US-amerikanische Philosoph William James (1842–1910), ein Pionier der Seelenkunde, hielt die Sache für ausgemacht: »Jeder weiß, was Aufmerksamkeit ist«, schrieb er 1890 in seinem Klassiker *Prinzipien der Psychologie*. »Es ist das klare und lebendige Besitzergreifen des Geistes von einem unter mehreren möglichen Objekten oder Gedankenzügen.«[24] Der von ihm benutzte Ausdruck »train of thought« brachte James den Ehrentitel »Entdecker des Bewusstseinsstromes« ein. Dabei war schon lange vor ihm klar, dass unsere mentale Aktivität ständig im Fluss ist.

Heute beschreiben Forscher unsere Aufmerksamkeit vor allem anhand zweier Dimensionen: Kapazität und Selektivität. Erstere ist eng begrenzt: Wir können immer nur wenige, nicht sonderlich komplexe Informationen auf einmal präsent halten. Letztere wiederum ist in vielen Fällen überraschend hoch. Achten wir auf einen x-beliebigen Gegenstand, blenden wir alles andere aus.

Das beweisen Experimente zur sogenannten Aufmerksamkeitsblindheit. Christopher Chabris und Daniel Simmons von der Harvard University demonstrierten dieses Phänomen mit einem der verblüffendsten Filmdokumente der Psychologie: In dem Streifen werfen sich zwei Teams von Leute kreuz und quer einen Basketball zu. Allein die

Aufgabe, die Pässe zwischen den Spielern in den weißen T-Shirts zu zählen, bewirkte, dass viele Betrachter einen Schauspieler im Gorillakostüm übersahen, der mitten durchs Bild spazierte! Selbst etwas so Offensichtliches entgeht uns komplett; die fokussierte Aufmerksamkeit blendet das Drumherum schlichtweg aus. Zauberkünstler nutzen das geschickt aus, und trotz der besten Vorsätze fallen wir immer wieder auf ihre Tricks herein.[25]

Der Versuch von Chabris und Simmons zeigt: Je konzentrierter wir sind, desto mehr entgeht uns. Bewusst registrieren wir nämlich nur einen Bruchteil der Realität. Ein Typ im Gorillakostüm, der sich auf die Brust trommelt, fällt an sich schon ziemlich auf; ohne das Pässe-Zählen bemerken wir ihn sofort. Doch kaum sind wir anderweitig beschäftigt, sehen wir ihn nicht einmal! »Wir können gegenüber dem Offensichtlichen blind sein und wir sind blind für unsere Blindheit«, erklärt der Psychologe und Nobelpreisträger Daniel Kahneman.[26]

An unserer Aufmerksamkeit wird von zwei Seiten gezerrt: Zum einen von all den schönen, spannenden und überraschenden Reizen, die uns gefangen nehmen; zum anderen konzentrieren wir uns aber auch aktiv auf so manches. Den von außen gesteuerten »Autofokus« bezeichnet man als *bottom-up*; die willentliche »manuelle Einstellung« als *top-down*. Beide sind eng verschränkt: Wir werden einerseits von äußeren Reizen geleitet, deren Wirkung wir oft nicht bemerken, und zugleich lenken wir, solange wir wach sind, zielgerichtet den Fokus unserer Aufmerksamkeit.

Diese Parallelität von bewussten und unbewussten, willentlichen und automatischen Prozessen prägt unser Leben zutiefst. Worin sich unsere Aufmerksamkeit dabei in einem bestimmten Augenblick verhakt, das wählen wir oft nicht so frei, wie wir meinen; dennoch haben wir das starke Gefühl, die Welt läge offen und unmittelbar greifbar vor uns. Wir mögen nicht jedes Detail mitbekommen, doch im Großen und Ganzen sind wir im Bilde – so scheint es. Doch die vermeintliche Unmittelbarkeit und Vollständigkeit der Wahrnehmung ist eine Konstruktion unseres Sinnesapparats. Tatsächlich bekommen wir gerade in Momenten fokussierter Aufmerksamkeit das meiste um uns herum gar nicht mit – und wir bemerken auch diesen Mangel selbst nicht einmal.

Um wie die Prinzen von Serendip die Wunder am Wegesrand aufzuschnappen, brauchen wir ein gewisses Maß an Zerstreuung. Denn ein ungebundener Geist ist eher für Entdeckungen empfänglich. Außerdem gelingt es uns dann auch erstaunlicherweise oft besser, ein Ziel zu verfolgen, wie wir gleich sehen werden.

Überforderte Willenskraft

Bei vielen Gelegenheiten versagen wir eher, je mehr wir uns anstrengen. Jeder kennt das: Wer versucht, besonders geistreich zu sein, dem fällt prompt nichts mehr ein. (Den größten Unsinn reden deshalb meist Leute, die unheimlich schlau sein wollen.) Wer beim Tanzen auf seine Schritte achtet, kommt aus dem Tritt. Wer ganz besonders emphatisch sein will, hört nicht zu. Wer meint, in der Prüfung alles können zu müssen, verheddert sich im zu viel Gelernten. Wer sich jede kleine Sünde versagt, den gelüstet es umso mehr. Und wer glaubt, sein Kind maximal fördern zu müssen, überfördert es. Kurz: Immer nur das Beste zu wollen, ist eine ziemlich sichere Methode, es gerade nicht

zu erreichen. Der Weg zur Hölle, so ein englisches Sprich-
wort, ist mit guten Absichten gepflastert.

Dass zu viel bewusste Willensanstrengung uns schlecht
bekommen kann, wäre nicht weiter schlimm, hätten wir sie
nicht zum Retter in jeder Lebenslage erkoren. So bürden
wir uns häufig mehr auf, als wir zu leisten imstande sind.

Ein gängiges Vorurteil lautet: Manche Menschen sind
einfach willensschwach. Jedes Kind weiß, dass Leute, die zu
viel essen, trinken, rauchen und sich kaum bewegen, selbst
schuld sind. »Reiß dich zusammen«, rät man ihnen, schließlich müssen sie ja nur ihren inneren Schweinehund überwinden. Allerdings reißen sich viele, die man so zu Ver-
sagern stempelt, nicht etwa zu wenig zusammen, sondern
zu viel. Und scheitern gerade daran.

Die Psychologin Kathleen Vohs von der University of
Minnesota erforscht seit Jahren solche paradoxen Effekte
der Selbstbeherrschung. In zahlreichen Experimenten und
Feldstudien zeigte sie, dass unsere Willenskraft begrenzt
ist. Bemühen wir sie zu sehr, ermüdet sie und wir tun
Dinge, die wir anschließend bereuen.[27] »Unser Gehirn
funktioniert in gewisser Hinsicht nicht anders als ein Mus-
kel«, so Vohs.[28] Werde es zu sehr beansprucht, arbeite es
vorübergehend nicht mehr hundertprozentig.

Das lässt sich gut an einem Beispiel festmachen, das Millionen Menschen beschäftigt: Diäten. Sie gelingen laut Vohs
umso eher, je konkretere Ziele man sich setzt (»fünf Kilo bis
Ende des Monats« statt »öfter mal Salat essen«) und je größer der soziale Druck ist – etwa weil man andere in seine
Abspeckpläne einweiht oder sich gemeinsam daranmacht.
Letztlich kommt es darauf an, alte, ungünstige Gewohnheiten abzulegen und neue aufzubauen. Am besten durch
feste Wenn-dann-Regeln:[29] *Wenn* ich einen stressigen Tag

hatte, *dann* gehe ich joggen (statt mit Chips vor dem Fernseher zu sitzen). *Wenn* ich einkaufe, *dann* lasse ich den Süßkram links liegen. Solche Regeln gilt es einzuüben, bis man sie von allein befolgt, ohne darüber nachzudenken.[30]

Sicher, es gibt auch Probleme, die in Ignoranz und Bequemlichkeit wurzeln. Wer sich überhaupt nicht bemüht, nie daran denkt, was er eigentlich will, und keiner Belohnung widersteht, kommt nicht weit. Doch häufig ist eben genau das Gegenteil der Fall: Ob Perfektionismus, Ängste, Zwänge, Ess- und Schlafstörungen, Erschöpfungszustände, Schmerzen, psychosomatische Leiden oder Depression – viele der davon Betroffenen ringen verbissen darum, es »endlich richtig zu machen«. Sie wollen ständig Kontrolle ausüben und das persönliche Ist und Soll abgleichen. Gelänge es ihnen, lockerzulassen statt sich unerbittlich selbst zu ermahnen, ginge es ihnen schlagartig besser.

Nehmen wir anderes ein Drama, das sich Abend für Abend zigtausendfach in deutschen Schlafzimmern abspielt: Je dringender man schlafen muss, desto länger liegt man wach. Geschieht das ein paarmal hintereinander, verschiebt sich der mentale Fokus. Einschlafen wird plötzlich zum Problem. Dann kommt die Angst hinzu: Wie soll ich das morgen nur alles schaffen, wenn ich nicht ausgeruht bin? Sich unbekümmert aufs Ohr legen? Schön wär's! Den Gedanken abzuschütteln, dass man bestimmt wieder nicht gut schlafen wird, ist nun sehr schwer. Für viele beginnt so ein Teufelskreis aus immer mehr Wollen und immer weniger Können.

Der Schlaftherapeut Michael Schredl vom Zentralinstitut für seelische Gesundheit in Mannheim sagt: »Einschlafen ist kein Zustand, den man bewusst herbeiführen kann. Er tritt ein, wenn man kognitiv und körperlich entspannt ist –

und müde natürlich.«[31] Einschlafprobleme gründen laut dem Experten häufig auf einem Übermaß an Aufmerksamkeit.

Ähnliches gilt für Wetterfühligkeit, Elektrosensibilität oder Nahrungsmittelintoleranzen. Die Betroffenen beachten bestimmte körperliche Signale übermäßig stark und deuten sie als Beschwerden. Auch Ängste oder Depression, die mit Abstand häufigsten psychischen Störungen, sind dadurch gekennzeichnet, dass Dinge in den geistigen Fokus rücken, die man besser nicht so wichtig nimmt: persönliche Schwächen und Fehler oder potentielle Gefahren etwa. Ein von maximaler Effizienz und Kontrolle besessenes Denken fördert solche Tendenzen. Das dürfte mit ein Grund dafür sein, warum seelische Leiden heute auf dem Vormarsch sind.[32]

Sich ablenken hilft

Ende der 1960er-Jahre wollten Psychologen an der Stanford University in Kalifornien herausfinden, wie gut Kinder einer Süßigkeit widerstanden, wenn man ihnen versprach, sie würden später mehr davon bekommen. In der klassischen Versuchsanordnung wurden dafür Marshmallows verwendet, jener »Mäusespeck«, nach dem die meisten Kinder wie verrückt sind. So ging das Experiment als der Marshmallow-Test in die Geschichte ein.

Den Kleinen wurde eine Süßigkeit vor die Nase gestellt und erklärt, wenn sie warteten, bis der Versuchsleiter, der noch etwas Dringendes zu erledigen habe, in den Raum zurückkehrte, würden sie statt dem einen sogar zwei Marshmallows bekommen. Doch der Versuchsleiter kehrte nicht zurück! Die Kinder hockten also vor dem Leckerli und rangen mit sich. Obwohl: Bis zum Alter von etwa vier Jahren konnte davon kaum die Rede sein – die Kleinen griffen zu, ohne mit der Wimper zu zucken. Widerstand zwecklos. Erst bei älteren Kindern erwacht allmählich der innere Kontrolleur, bei manchen etwas früher, bei anderen später.

Seit diesem bahnbrechenden Versuch galt die Fähigkeit zum Belohnungsaufschub – sich *jetzt* etwas versagen, um *nachher* umso mehr zu bekommen – als Maß für die individuelle Selbstkontrolle. Von 1968 bis 1974 durchliefen mehrere Hundert Kinder der »Bing Nursery School«, der universitätseigenen Tagesstätte auf dem Campus von Stanford, das Experiment. Viele der inzwischen gut fünfzigjährigen Probanden von damals werden immer noch regelmäßig zu ihrem Lebenswandel befragt. Eine Auswertung der ersten Langzeitdaten ergab in den 1980er-Jahren, dass jene, die den Marshmallow-Test mit Bravour bestanden hatten, im späteren Alter oft erfolgreicher waren.[33] Ob gute Schulnoten, beruflicher Aufstieg, ein großer Freundeskreis, stabile Partnerschaft oder allgemein hohe Lebenszufriedenheit – das alles schien vor allem eine Frage der Selbstdisziplin zu sein. Und diese wiederum, so das Credo, resultiere aus der genetisch bedingten Erregbarkeit des präfrontalen Cortex, der obersten Kontrollinstanz im Gehirn.

Wie Walter Mischel, den Erfinder des Marshmallow-Tests, allerdings betont, sind Willenskraft und Selbstkontrolle flexible Eigenschaften. Sie verändern sich nicht nur im Lauf des Lebens, sondern schwanken oft auch je nach Situation und Motivlage. Wer Süßem gut widerstehen kann, muss deshalb nicht auch gegenüber Alkohol oder dem Zappen im TV-Programm resistent sein oder ein Studium durchziehen. Vor allem aber statte uns nicht die »Lotterie der Gene«

mit einem festen Quantum an Selbstbeherrschung aus, das den weiteren Lebensweg vorzeichne. »Es gibt keinen Automatismus«, erklärt Mischel, »das Ergebnis beim Marshmallow-Test lässt nicht zwangsläufig darauf schließen, ob ein Kind später ein gutes Leben, Glück oder Erfolg haben wird.«[34] Denn das Maß unserer Willenskraft schwankt nicht nur, es kommt mitunter auch gar nicht so sehr auf sie an.

Dafür gibt es vor allem zwei Gründe. Erstens verfolgen wir ein Ziel in der Regel nur dann, wenn wir es für erstrebenswert und vor allem für erreichbar halten. Darin schlagen sich auch unbewusste Überzeugungen nieder: Wer glaubt, die eigene Willenskraft reiche eh nicht aus, versucht es erst gar nicht.[35] So kommt es beim Meistern einer Herausforderung nicht zuletzt darauf an, wie wir die eigenen Chancen und Kompetenzen einschätzen. Kriege ich das hin? Lohnt sich der Aufwand? So mancher kommt nicht etwa deshalb weiter, weil er tatsächlich mehr kann als andere, sondern weil er sich einfach nur mehr zutraut. Mit anderen Worten: Das eigene Selbstbild begrenzt (oder erweitert) unseren Handlungsspielraum.[36]

Den zweiten Grund dafür, dass nicht allein der Wille zum Erfolg führt, offenbart schon ein Blick darauf, wie Kinder den Marshmallow-Test bestehen.[37] Jene, die der Versuchung eher standhalten, tun meist allerlei sonderbare Dinge – sie erzählen sich Geschichten, pfeifen ein Lied, zupfen sich am Ohr oder blicken neugierig in der Gegend umher. Auffallend selten beschäftigen sie sich mit dem Objekt der Begierde, dem Marshmallow, selbst. Ihre Beherrschung verdanken sie also nicht eiserner Disziplin, sondern der Kunst des Wegsehens und Sichablenkens.

Die Moral der Geschichte: Um eine Unannehmlichkeit auszuhalten, bedarf es oft eher der Phantasie sowie der Fähigkeit, sich im richtigen Moment auf andere Ideen zu bringen! Der Blick fürs Abseitige und scheinbar Irrelevante erweist sich auch hier als Tugend – sie lässt uns das Glück gerade da finden, wo wir es nicht erwarten.

Willenskraft und Selbstkontrolle sind trotzdem nicht ganz unwichtig. Wir brauchen sie vor allem, um konkrete Widerstände zu überwinden und strategisch auf ein Ziel hinzuarbeiten. Doch statt alles zu einer Frage des Willens zu erklären, sollten wir getrost einmal auf Ablenkung und kreatives Umdeuten setzen. Sie sind ebenso gute, wenn nicht bessere Mittel, um am Ball zu bleiben, wenn es hart auf hart kommt.

Viele Menschen kasteien sich dagegen selbst, indem sie sich höchste Disziplin abverlangen und strenge Regeln auferlegen: Reiß dich zusammen! Vergeude keine Zeit! Werde bloß nicht schwach! Tatsächlich bedarf es so übermenschlicher Kraftakte gar nicht – im Gegenteil: Wenn ich mir etwas zur Pflicht mache, ohne die Chance, einen Funken Spaß daran zu entwickeln, wird es immer eine Last bleiben. Wer sich die Schokolade stets verbietet, träumt vom Sündigen – und bekommt ein schlechtes Gewissen, sobald er doch mal genascht hat. Worin man sich gedanklich verbeißt, das lässt einem gerade darum keine Ruhe.

Wann immer wir etwas wollen, können wir entweder uns diesem Ziel näherbringen oder, umgekehrt, das Ziel uns selbst anpassen. Was immer es sein mag – abnehmen, einen Marathon laufen, schlagfertig sein, sich nicht so viel ärgern, eine Prüfung bestehen ... – auf die Idee, ihren hehren Anspruch herunterzuschrauben, kommen die wenigsten. Dabei läge es so nahe: Statt des Marathons tut's vielleicht auch ein kürzerer Jedermannslauf; statt geschliffen zu parlieren, genügt es, beim Smalltalk ein bisschen entspannter zu bleiben, und die Prüfung klappt auch besser, wenn man sie nicht zur »letzten Chance« hochstilisiert. Sich von dergleichen Fixierung zu lösen, hilft ironischerweise sogar, das große Ziel doch zu erreichen!

Ärgern Sie sich auch regelmäßig darüber, was jemand anderes (sagen wir mal ... Ihre Mutter!) sagt oder tut? Sie können auf Konfrontation gehen und Mama erklären, dass Sie ja nun auch kein Kind mehr sind und dass Sie sich verbitten – na, Sie wissen schon, was. Ich kenne zwar Ihre Mutter nicht, aber in gefühlt neun von zehn Fällen ist dieses Unterfangen aussichtslos. Denn hinter Mamas anstrengender Art steckt ja doch nur der Wunsch, dass es Ihnen gut geht. Die eigene Frustration oder Verärgerung herunterzuschlucken, birgt andererseits die Gefahr, dass Sie sich noch schlechter fühlen. Nehmen Sie die Situation jedoch hin, wie sie ist (okay, Mama nervt halt mal wieder!), verliert die Sache schnell an Dramatik. Kaum sagt man sich: »So ist das Leben«, belastet es einen meist schon weniger. Und das, obwohl sich objektiv gar nichts geändert hat.

Erklär mir die Welt!

Werfen wir nun noch einen Blick auf eine andere Form der kognitiven Fixierung, nämlich unseren ausgeprägten Hang zu Erklärungen. Weshalb versteigen sich die vernünftigsten Leute oft in absonderliche Theorien? Der eine richtet sein Heim mit Rücksicht auf verborgene Energieadern ein, der andere will sich vor bösen Handystrahlen schützen, der nächste mal wieder so richtig entschlacken. Da wird Lebensmittelzusätzen im »Superfood« wundersame Wirkung zugeschrieben, obwohl die beigemischten Spuren (falls überhaupt enthalten) viel zu gering sind, um irgendeinen Effekt zu haben. Und vielen gilt Krankheit nicht etwa nur als tragisches Schicksal, sondern als selbst verschuldet, wenn nicht als Strafe: AIDS – die Quittung für ein sündiges Leben? Krebs eine Folge chronisch schlechter Laune?

Die Omnipräsenz solcher abwegigen Ideen (die Liste ließe sich beliebig fortsetzen) zeugt vom unwidertehlichen Reiz des magischen Denkens. Es greift bevorzugt zu teleologischen Erklärungen (von griechisch »teleos« = Ziel, Absicht), die allem, was geschieht, einen tieferen Sinn und Zweck andichten.

Bei Kindern amüsiert uns das oft. Sie sagen etwa Sachen wie »Nasen sind dafür da, dass die Brille nicht herunterfällt« oder »Berge gibt es, damit man die Aussicht genießen kann«. Zwar haben Nasen und Berge nun mal keinen Zweck, aber das kümmert die Kleinen wenig, solange es ihnen die Welt ein Stück verständlich macht. Doch auch wir Erwachsene neigen zu teleologischen Erklärungen. Vor allem, wenn eine schnelle Entscheidung her muss oder die Informationen rar sind, umgarnen wir den Zufall gern mit irgendwelchen Annahmen, die uns darüber hinwegtäuschen, wie wenig Verlässliches wir eigentlich wissen.

Dass wir mit unserem Erklärungsdrang leicht auf Grund laufen, zeigten beispielsweise Forscher um die Philosophin und Kognitionsforscherin Tania Lombrozo von der University of California in Berkeley. Sie machten ihre Probanden in einem Experiment mit zwei fiktiven Automarken bekannt: »Dax« und »Kez«.[38] Zunächst wurden zehn PKW mit diversen Angaben zu Farbe, Ausstattung oder Getriebeart vorgestellt, die jeweils einer der beiden Marken zugeordnet werden sollten. Ob es sich um einen Dax oder Kez handelte, hing dabei allein von der Winter- oder Sommertauglichkeit des Gefährts ab, aber das wussten die Testpersonen nicht; sie bekamen nur Rückmeldung darüber, ob sie mit ihrer Zuordnung richtig gelegen hatten oder nicht.

Den entscheidenden Unterschied machte nun die Aufforderung, die Wahl jeweils zu begründen: Die eine Hälfte der Probanden sollte bei jedem vorgestellten Auto erklären, wieso es ihrer Meinung nach ein Dax oder ein Kez war; die anderen durften einfach irgendetwas erzählen, das ihnen gerade einfiel. Siehe da: Die Erklärer setzten öfter aufs falsche Pferd. Dass jedes Auto eine andere Farbe hatte, ohne ein System dahinter, erkannten sie genauso schlecht wie die Tatsache, dass sich manche Beschreibungen selbst widersprachen.

In einem zweiten Test ging es darum, ob vorgegebene Personen für einen wohltätigen Zweck spenden würde oder nicht. Laut dem verdeckten Muster waren ältere Introvertierte spendabler als junge Extrovertierte; daneben wurde aber auch Irrelevantes wie die Herkunft und das Studienfach der Betreffenden verraten. Wieder konstruierten jene, die nachdenken sollten, eher Zusammenhänge, die es gar nicht gab.

Dieses Experiment ist nur ein Beispiel für die Vielzahl der paradoxen Effekte des Zu-viel-Denkens. Folgt daraus, dass man am besten gar keine Erklärungen suchen sollte? Wohl kaum. Doch gerade damit wir etwas davon haben, dürfen wir sie auch nicht überfrachten oder voreilige Schlüsse ziehen. Wer das Denken hin und wieder schleifen lässt, sieht womöglich sogar klarer und verleiht seinem Geist neue Frische und Durchschlagskraft.

Laut der sogenannten *Dual Process Theory* (wir kommen später noch genauer darauf zu sprechen) umfasst unser mentaler Werkzeugkasten ebenso bewusste wie auch unbewusste Kniffe. Da wir letztere aber kaum bemerken, meinen wir, Denken müsse stets bewusst, absichtsvoll und kontrolliert vonstatten gehen. Tatsächlich bildet der implizite Teil unseres kognitiven Apparats so etwas wie das Fundament unserer Lebensklugheit (mehr dazu in Kapitel 3).

Der Ex-Broker Nassim Nicholas Taleb, heute Professor an der New York University, nennt das Antifragilität: »Die einzigartige Eigenschaft, mit dem Unbekannten umzugehen, etwas anzupacken – und zwar erfolgreich – ohne es zu verstehen. (...) Wir sind im Großen und Ganzen besser, wenn wir handeln, als wenn wir denken, und das verdanken wir der Antifragilität. Ich bin auf jeden Fall lieber dumm und antifragil als hyperintelligent und fragil.«[39]

Unser Denken findet nicht nur Erklärungen für Unerklärliches. Es sucht auch Begründungen für Verhaltensweisen, die sich aus unbewussten, zum Beispiel emotionalen Quellen speisen. Eltern etwa, die es nicht übers Herz bringen, ihrem Kind Grenzen zu setzen, weil das mit Unmut oder gar Tränen verbunden sein könnte, sind um kein Argument verlegen, warum Nachgeben doch die klügere Strategie sei. Man wolle schließlich nicht zum Gehorsam erziehen und überhaupt würden Verbote eh nichts nützen, sondern nur Frust und Widerstand erzeugen. Die Angst, dem eigenen Nachwuchs Unbehagen zu bereiten, ist laut Kinder- und Jugendpsychologen wie Jesper Juul oder dem ADHS-Therapeuten Helmut Bonney allerdings häufig die Wurzel familiärer Probleme und Überlastungen. Wenn das Kind alles darf, nur keinen Unmut äußern, wird es unmöglich, feste Regeln fürs Miteinander einzuhalten. Jeden Dissens zu meiden und immer auf Harmonie zu machen, führt in eine Sackgasse, denn manchmal muss man Konflikte mit dem Nachwuchs auch zulassen und austragen.

Umgekehrt zaubern natürlich auch die Verfechter von Disziplin und Ordnung tausend gute Gründe für ein strenges Regime aus dem Hut. Erziehungsideologien und einseitige Vorstellungen darüber, wie die ideale Pädagogik auszusehen habe, schalten hüben wie drüben oft den gesunden Menschenverstand aus. Denken dient in solchen Fällen eher dazu, die eigenen Vorurteile und Impulse zu rechtfertigen, als eine vernünftige Lösung zu finden. Allzu schnell erhebt es Theorien und andere Fiktionen zu unbezweifelbaren Tatsachen und bildet sich dabei noch eine Menge auf sich ein.

Zugegeben, nur weil das Denken manchmal versagt, braucht man ihm nicht gleich ganz misstrauen. Man muss nur eben *besser* denken, klarer und ausgewogener. Doch gerade dazu sollte man auch einmal vom hohen Ross des Denkens absteigen. So erkennt man meist leichter, ob man sich auf dem Holzweg befindet.

Intermezzo: Der Forscher

Am Vormittag lässt Frank die Gedanken von der Leine. Dann tollen sie herum wie junge Hunde, die hier und dort entlang schnüffeln und einander um die Wette jagen. Das gehört zu seinem Job, denn Frank, der Biochemiker, sucht Antworten auf knifflige Forschungsfragen.

Wenn er morgens ins Labor kommt, kocht er sich eine Kanne Tee, schließt seine Bürotür, setzt sich an den Schreibtisch und liest. Zwischendurch sieht er aus dem Fenster, macht Notizen, malt wirre Diagramme an die Tafel – und sieht wieder aus dem Fenster. Frank arbeitet am Deutschen Zentrum für Neurodegenerative Erkrankungen (DZNE) in Bonn. Alle Termine und Meetings schiebt er, soweit möglich, auf den Nachmittag. Denn der Vormittag ist Kreativzeit.

»Die Gedanken schweifen zu lassen und gute Einfälle hervorzukitzeln, ist ein wichtiger Teil meiner Arbeit«, erklärt Frank. Mit seiner elfköpfigen Truppe am DZNE ergründet er, warum durchtrennte Nervenleitungen im Zentralnervensystem nicht wieder zusammenwachsen. Oder besser, wie sich das womöglich ändern lässt, um etwa Querschnittsgelähmte zu heilen. Frank sucht nach Wegen, gekappte Axone, die langen, signalleitenden Fortsätze von Neuronen im Gehirn und Rückenmark, gezielt zum Sprießen und Sichverknüpfen anzuregen. Wenn das gelänge, könnte eines Tages der Traum wahr werden, Menschen aus dem Rollstuhl aufstehen zu lassen. Doch bis dahin müssen noch viele Puzzlesteine zusammengesetzt werden.

»Der Teufel steckt im Detail«, sagt Frank und lacht. Um ihn auszutreiben und auf Ideen für originelle, und das heißt vor allem für die *richtigen* Experimente zu kommen, hat er sich gewisse Routinen zurechtgelegt. Frank tippt mit dem Zeigefinger auf einen Stapel aktueller Fachartikel. »Erste Regel: immer schauen, was die anderen treiben. Es gibt nichts Dümmeres als einen Versuch zu planen, der in einem anderen Labor schon lief.« Zweitens: viel reden. Regelmäßig setzt sich Frank mit seinen Leuten hin und lässt sich den Stand der Dinge erläutern. Bei solchen Sparringsrunden geht es oft hoch her. »Streit inspiriert, denn er zwingt einen, die eigene Position zu begründen. Dabei stößt man am ehesten auf Argumentationslücken und voreilige Schlüsse.« Und drittens: externalisieren! Die Tafel in Franks Büro ist mit Formeln und Skizzen übersät, und wehe jemand löscht die! Solche unausgegorenen Ideen sollen stehen bleiben, damit man immer mal wieder im Vorübergehen einen Blick darauf werfen kann.

Überhaupt spielt das Verbildlichen eine große Rolle: »Das Grundgerüst einer Zelle, das Zytoskelett, ist eine Art dichtes Netz aus Proteinfäden. Es gibt der Zelle und ihren Fortsätzen Struktur. Sollen die in eine Richtung weiterwachsen, müssen feine Röhrchen, sogenannte Mikrotubuli, wie winzige Rammböcke da hindurchstoßen.« Wo und wie, das bannt Frank in groben Strichen an die Tafel.

Manchmal habe er so eine Ahnung, wie dies und jenes zusammenhängen könnte, erklärt Frank. Dann suche er einen Ansatzpunkt, wie sich diese Vermutung experimentell überprüfen lässt. »Ausdenken kann man sich viel; es zu beweisen ist das Problem.« Da sei oft eher Bauernschläue gefragt als großartige Theorien. »Die zündende Idee ist meist ganz einfach. Aber man muss erst mal darauf kommen.«

Das Zentrosom bilde die Mikrotubuli aus, die Stützpfeiler der Nervenzellen – auch Frank und seine Kollegen glaubten das lange. Einer seiner Doktoranden versuchte, das Zentrosom durch verschiedene Prozeduren zu stimulieren. Doch wie er es auch drehte und wendete, es kam nichts Brauchbares dabei heraus. Die Arbeit von drei Jahren schien für die Katz. Nach schier endlosen Versuchsreihen kam ihnen plötzlich die zündende Idee: Was, wenn das Zentrosom bereits inaktiv ist und die Mikrotubuli einfach anders aussprießen? Diese Fährte erwies sich bald darauf als richtig. Ein altes Dogma der Zellbiologie war auf einmal »reif für die Tonne«. Und der Doktorand schloss seine Arbeit mit *summa cum laude* ab.

Die Gedanken wandern lassen, miteinander reden, externalisieren – dafür müsse man sich Zeit nehmen, so Frank. »Ein voller Terminkalender ist Gift für die Kreativität.« Außerdem müsse man es aushalten, dass Chaos und Leerlauf den Laboralltag beherrschen. Oft habe er das Gefühl, nichts gehe voran. Die meisten Versuche scheitern, das sei normal. »Doch irgendwann, oft wenn man es am wenigsten erwartet, macht es Klick.« Der vorbereitete Geist schätze Überraschungen mehr als das Erwartbare. Letzteres liefere zwar Gewissheit, aber nur Überraschung berge echten Fortschritt.

2. Kapitel
EMBODIMENT oder Warum der Körper mitdenkt

Diese Geschichte beginnt in einer eiskalten Novembernacht des Jahres 1619. Irgendwo in oder um Ulm – möglicherweise in Neuburg an der Donau – ist damals ein junger französischer Adeliger zu Gast. Er dient im Heer des bayrischen Herzogs Maximilian, der sich mit Kaiser Ferdinand II. (1578–1637) zum Kampf gegen die Protestanten verbündet hat. Man steht am Beginn eines erbitterten Glaubenskriegs, der einmal der Dreißigjährige genannt werden wird.

Auf der Rückreise von Ferdinands Inauguration[40] hält der Wintereinbruch den 23-jährigen Edelmann fest. Von Schnee und Eis zum Stillstand gezwungen, nimmt er Unterkunft und begibt sich auf eine Reise nach innen, die ihn berühmt machen soll. Der Name des Fremden: René Descartes (1596–1650).[41]

In seiner *Abhandlung über die Methode, seinen Verstand richtig zu gebrauchen und die Wahrheit zu erforschen*, besser bekannt als *Discours de la Méthode*, schreibt er: »Als ich von der Kaiserkrönung zur Armee zurückkehrte, brach der Winter an und hielt mich in einem Quartier fest, wo ich ohne zerstreuende Unterhaltung und ohne von Sorgen oder Leidenschaften geplagt zu sein, den ganzen Tag allein in einer warmen Stube eingeschlossen blieb und hier alle Muße fand, mich mit meinen Gedanken zu unterhalten.«[42] Das schmale Werk erscheint 1637, knapp 20 Jahre nach Descartes' Aufenthalt in Süddeutschland. Es wird zum Fanal für eine ganz neue Art zu philosophieren. »Ich war voller Enthusiasmus und fand die Grundlagen einer wunderbaren Wissenschaft«, schwärmte Descartes später.[43] Wie es zu jener Entdeckung kam, hielt er in Notizen fest, deren Existenz bis in 18. Jahrhundert bezeugt ist. Gottfried Wilhelm Leibniz (1646–1716) fertigte noch Abschriften einiger Passagen daraus an, ehe sich ihre Spur in den Wirren der Zeit verlor.

Laut Descartes' erstem Biographen Adrien Baillet (1649–1706) rissen den Denker in jener eisigen Novembernacht kurz nacheinander drei Träume aus dem Schlaf. Der erste war ein surrealer Angsttraum: Mitten in einem heftigen Sturm torkelt Descartes eine Straße entlang. Er kann sich kaum auf den Beinen halten und will sich gerade in eine Kirche flüchten, als ein Mann neben ihm steht. Gänzlich ungerührt von dem Unwetter bietet der Unbekannte ihm eine Frucht an. Descartes erwacht vor Schreck, schlummert aber bald darauf wieder ein.

Der zweite Traum wird vermutlich von einem brennenden Holzscheit im Kamin ausgelöst. Descartes vernimmt einen lauten Knall, gefolgt von einem Funkenstrahl, der seine Kammer erhellt. Kaum hat er sich davon überzeugt, dass keine Gefahr droht, schläft er erneut ein.

Im dritten Traum schließlich findet Descartes ein Buch und schlägt es auf. In der Gedichtsammlung mit dem Titel *Corpus poetarum* liest er: »Quod vitae sectabor iter?« – »Welchen Lebensweg werde ich einschlagen?«[44] Plötzlich steht erneut ein Fremder neben ihm und deutet auf das Gedicht

»Est et non« (»Ja und nein«). Beide Texte sind historisch verbrieft: Es handelt sich um Verse des spätantiken Dichters Decimus Magnus Ausonius (circa 310–393), die Descartes wohl während seiner Zeit im Jesuitenkolleg von La Flèche gelesen hat.

Die drei Traumphantasien werden für ihn zu einem Erweckungserlebnis. Der Philosoph glaubt, endlich seine Bestimmung gefunden zu haben und gelobt, zum Haus der Heiligen Jungfrau nach Loreto zu pilgern (was er knapp zehn Jahre später auch tut). »Est et non« gilt ihm als Wink jener Wahrheit, die von der allgegenwärtigen Falschheit befreit werden müsse. Das einzig taugliche Mittel dazu sei der Zweifel. Nur an einem sei prinzipiell nicht zu zweifeln – am Zweifel selbst, also am denkenden Subjekt.

»Ich prüfte aufmerksam, *was* ich wäre, und sah, dass ich mir vorstellen könnte, ich hätte keinen Körper, es gäbe keine Welt und keinen Ort, wo ich mich befände, aber dass ich mir deshalb nicht vorstellen könnte, dass *ich* nicht wäre; im Gegenteil, selbst daraus, dass ich an der Wahrheit der anderen Dinge zu zweifeln dachte, folgte ja ganz einleuchtend und sicher, dass ich war.«[45] Diese Überlegungen führen Descartes zu einem folgenschweren Schluss. »Ich erkannte, dass ich eine Substanz sei, deren ganze Wesenheit oder Natur bloß im Denken bestehe und die zu ihrem Dasein weder eines Ortes bedürfe noch von einem materiellen Dinge abhänge, so dass dieses Ich, das heißt die Seele, wodurch ich bin, was ich bin, vom Körper völlig verschieden ist.« Am Ende formuliert er jenen Satz, mit dem sein Name bis heute untrennbar verbunden ist: »Je pense, donc je suis.« – »Ich denke, also bin ich.«

Damit begründete der junge Franzose die Doktrin von den beiden Substanzen *res extensa* (das Ausgedehnte) und *res cogitans* (das Denkende), zwei gänzlich verschiedenen Seinsweisen. Der sogenannte Substanzdualismus machte Descartes zum tragischen Helden der Philosophiegeschichte. Denn er verstellte Generationen von Denkern nach ihm den Blick auf die wahren Verhältnisse.

Der Mensch, *Homo sapiens* – der »weise Mensch« –, wie er sich selbst nennt, ist stolz auf seinen Geist. Auf die großartige Gabe der Vernunft und Logik lässt er nichts kommen, schon gar nichts so Liederliches wie den Körper. Ein reiner, am besten göttlich inspirierter Geist soll es sein. Erst allmählich erkannte man, dass diese scheinbar so autonome Sphäre in körperlichen Vorgängen wurzelt. Beide sind untrennbar miteinander verbunden, ja womöglich sogar identisch.

Descartes' Lehre fiel auf fruchtbaren Boden, weil wir intuitiv alle Dualisten sind. Unser mentales Leben scheint so verschieden von der körperlichen, greifbaren Welt. Nicht von ungefähr sagen wir etwa, wir *haben* einen Körper oder wir *besitzen* ein Gehirn, das wir *benutzen*. Doch wer oder was sollte darüber verfügen wie über ein Werkzeug? Wer benutzt mein Gehirn, wenn nicht es selbst? Erst nach und nach rangen sich die Gelehrten zu der Einsicht durch, dass mit der vermeintlich so plausiblen Trennung von Körper und Geist etwas nicht stimmte.

Gegen die dualistische Sichtweise spricht dreierlei: Erstens beeinflusst der Geist ganz augenscheinlich den Körper. Wie sollte ein vom Organismus losgelöster Wille irgendeine Handlung in Gang setzen? Zweitens haben umgekehrt körperliche Vorgänge unmittelbare Auswirkungen auf den Geist. Hirnschädigungen etwa, um einen drastischen Fall zu nehmen, verändern das Bewusstsein der Betroffenen teils dramatisch. Und drittens fanden Neurowissenschaftler zahlreiche Belege dafür, dass das Feuern der Nervenzellen im Gehirn unser Denken, Fühlen und Verhalten nicht nur beeinflusst, sondern verursacht. Es wurde noch nie ein Gedanke, eine Emotion oder eine Bewegung beobachtet, welche ohne Hirnaktivität auskäme.

Auf der Grundlage solcher Argumente hielt der Neurologe António Damásio einst ein viel beachtetes Plädoyer gegen den Dualismus.[46] Heute teilen die meisten Forscher seine Ansicht: Körper *ist* Geist und Geist *ist* Körper. Es sind zwei Seiten derselben Medaille, auch wenn das große Rätsel, wie die Tätigkeit von Neuronen (und seien es noch so viele Millionen) Empfindungen, Gefühle und Gedanken hervorbringen kann, noch immer ungelöst ist.

Die »Verkörperung« des Geistes – das bedeutet der Ausdruck *embodiment* – hat aber nicht nur theoretische Konsequenzen für unser Selbstbild. Sie kann auch ganz praktische Dinge erklären: etwa, warum uns unsere Füße häufig ans Ziel bringen, auch wenn wir gar keine Ahnung haben, wo wir sind; weshalb es reale Schmerzen verursacht, von anderen ausgegrenzt zu werden; und wieso wir bessere Laune haben, sobald wir ein Lächeln aufsetzen. Das macht deutlich, warum wir, um gut zu entscheiden und zu leben, unseren Körper und die sinnliche Erfahrung nicht außer Acht lassen dürfen.

Gefühlter Geist

Was wir wahrnehmen, wie wir uns bewegen, welche teils subtilen körperlichen Signale wir registrieren und aussenden, beeinflusst vielfältige geistige Vorgänge. Diese Erkenntnis steht im Zentrum der Embodimentforschung. Damit nahmen Psychologen einen Faden wieder auf, den sie lange

Zeit außer Acht gelassen hatten. Spätestens seit der kognitiven Wende der 1960er-Jahre hatte sich die Ansicht verbreitet, man könne unser mentales Leben mehr oder weniger vollständig als abstrakte Rechenprozesse beschreiben. Ähnlich dem Programmcode von Computern würden in neuronalen Netzwerken repräsentierte Informationen durch logische Operatoren verarbeitet. Von einer »Weisheit des Körpers« wollte man nichts wissen.

Inzwischen steht außer Frage: Handfeste physische Eigenschaften und Vorgänge verändern, was wir denken, wie kreativ wir sind, woran wir uns erinnern und welche Entscheidungen wir fällen.[47] Die Wurzeln dieser Erkenntnis reichen bis ins 19. Jahrhundert zurück. Der bereits erwähnte Philosoph William James (1842–1910) formulierte 1884 eine revolutionäre Theorie: »Wir weinen nicht, weil wir traurig sind, sondern wir sind traurig, weil wir weinen.«[48] James stellte die hergebrachte Ansicht darüber, wie Gefühle entstehen, damit kurzerhand auf den Kopf. Körperliche Signale wie Tränen, Lachen oder Zornesröte im Gesicht seien nicht Folgen unserer Gefühle, sondern vielmehr deren Ursache.

Würde unsere reiche emotionale Mimik nur dazu dienen, anderen unsere emotionale Verfassung mitzuteilen, so hätten sich im Verlauf der Menschheitsgeschichte ganz unterschiedliche Formen entwickeln müssen. Doch wie schon Charles Darwin (1809–1882) in seiner Abhandlung *Über den Ausdruck der Gemüthsbewegungen bei dem Menschen und den Thieren* 1872 beschrieb, ähneln sich die für Grundemotionen wie Trauer, Überraschung oder Angst typischen Mimiken zwischen den Kulturen, ja sogar zwischen verschiedenen Spezies stark.[49] Offenbar besitzen sie einen gemeinsamen evolutionären Nenner.

Ein Experiment aus dem Jahr 1988, das zu einem Meilenstein der Embodimentforschung wurde, belegt die Wirkung der Mimik auf unser Gefühlsleben.[50] Der Sozialpsychologe Fritz Strack und seine Kollegen zeigten darin auf genial einfache Weise: Die Mundwinkel hochziehen, macht fröhlicher. Die Versuchsteilnehmer hatten nicht mehr zu tun, als sich einen Stift in den Mund zu stecken, während sie einen lustigen Film sahen. Dabei biss eine Hälfte der Probanden mit den Zähnen darauf, wobei sich die Gesichtszüge zu einem Grinsen verzogen; die anderen pressten das Schreibgerät zwischen die Lippen, was die Mundwinkel unwillkürlich nach unten sacken ließ. Die anschließende Befragung ergab: Gezwungene Lächler hatte der Film mehr amüsiert als Personen mit Trauermiene.

Den Beitrag des Körpers beim Denken veranschaulicht auch ein Laborversuch von Psychologen der Vanderbilt University.[51] Ihre Probanden betraten einen Raum, in dem zwei Seile von der Decke baumelten. Den Teilnehmern winkte eine Belohnung, wenn sie es schafften, beide zu verknüpfen. Allerdings hingen die Stricke zu weit voneinander entfernt, um beide zugleich mit ausgestreckten Armen zu erwischen. Was tun? In dem ansonsten leeren Raum lag ein einziges Werkzeug herum – eine Zange. Zuvor hatten die Teilnehmer ein kurzes Aufwärmprogramm absolviert: Entweder wurde mit den seitlich ausgestreckten Armen eine Weile gerudert oder man sollte weit ausholende Schwünge damit vollführen. 65 Prozent der Teilnehmer der ersten Gruppe kamen beim anschließenden Seiltest auf die richtige Lösung – in der zweiten waren es dagegen 82 Prozent! Haben Sie schon eine Idee, worin die Lösung bestand? Und warum Armschwünge den Einfall förderten? Die Antwort finden Sie in dieser Fußnote.[52]

Die enge Kopplung von körperlichen und geistigen Vorgängen schlägt sich oft in der Sprache nieder. Schon in den 1920er-Jahren beschrieb der Gestaltpsychologe Wolfgang Köhler (1887–1967) ein Phänomen, das er phonetischen Symbolismus nannte. Köhler zeigte Probanden geometrische Formen, darunter scharf gezackte und solche mit Rundungen. Dann fragte er, zu welchen die Phantasienamen »Takete« und »Maluma« am ehesten passten. Klarer Fall: Takete ist eckig, Maluma rund! Ähnliches gilt für »Bouba« und »Kiki«.

Aber warum weckt der Klang sinnloser Silben so klare taktile Assoziationen? Der Grund liegt in der cross-sensorischen Verarbeitung: So nennt man die Tatsache, dass sich unsere Sinne im Kopf überschneiden. Knacklaute und Plosive bilden das akustische Äquivalent für Ecken und Kanten, ausladende, weiche Vokale wie O und U entsprechen Rundungen.

Unsere Sprache ist von Metaphern durchtränkt, die die Sinnlichkeit des Denkens ebenfalls anschaulich belegen. So beschreiben wir seelische Nöte oft mit den gleichen Begriffen wie körperlichen Schmerz. Ungerechte Kritik »schlägt uns vor den Kopf«, der »Stachel der Missachtung« sitzt tief und der untreue Partner »bricht einem das Herz«. Studien mittels bildgebender Verfahren zeigten zudem, dass die neuronale Verarbeitung sozialer Konflikte die gleichen Hirnareale erregt wie körperliche Pein. Der Psychologe Ethan Kross etwa präsentierte Menschen, die kurz zuvor von ihrem Partner verlassen worden waren, während eines Hirnscans Bilder der oder des Ex.[53] Die von Liebeskummer Geplagten sollten die Trennung im Geist Revue passieren lassen, dann fügten die Versuchsleiter den Probanden einen leichten Hitzeschmerz auf der Haut zu. Sowohl der Tren-

nungsschmerz als auch das Brennen aktivierten Schmerz-
areale im somatosensorischen Cortex und in der Inselrinde
(Insula). Seelische Verletzungen behandelt das Gehirn offenbar nicht viel anders als physischen Schmerz.

Aus dem gleichen Grund lindert Paracetamol nicht nur
Kopfschmerzen, sondern auch Liebeskummer. 2013 beschei-
nigten kanadische Forscher dem Medikament sogar Wirk-
samkeit gegen »existentielle Angst«.[54] Ein Team um Daniel
Randles verabreichte Probanden zunächst entweder Paracetamol oder ein Placebo; dann sollten die Freiwilligen aufschreiben, was nach ihrem Tod mit ihrem Körper geschehen
solle. Schließlich lasen sie einen Bericht über die Festnahme
einer Prostituierten. Die Aufgabe: Bestimmen, wie hoch die
Geldbuße für die Frau ausfallen sollte. Normalerweise ahn-
den Menschen, die an die eigene Endlichkeit erinnert wurden, Normverstöße strenger. Gemäß der *Terror-Management-
Theorie* (TMT) helfen gemeinschaftliche Werte, unbewusste
existentielle Ängste zu lindern. Paracetamol wirkte dieser
Tendenz entgegen: Wer das Schmerzmittel intus hatte, ver-
hängte mildere Strafen.

Die Verknüpfung von Körper und Geist hat kuriose Folgen. Forscher aus Singapur und den USA bastelten aus
Pappe und PVC eine große Kiste von anderthalb Metern
Seitenlänge und stellten sie sich ins Labor.[55] Die Hälfte der
102 Probanden sollte sich daneben setzen, während sie
einen Wortschatztest absolvierten, die anderen dagegen bat
man, in die Box hineinzuklettern – als Begründung sagte
man ihnen, die Untersuchung gehe den geistigen Leistungen unter verschiedenen Umgebungsbedingungen auf den
Grund. Außergewöhnliche Einfälle haben, heißt im Englischen »to think outside the box« (quasi das Pendant zu unserem »über den Tellerrand blicken«). Und siehe da: Die-

jenigen, die sich ganz real »neben der Box« befanden, kamen leichter auf abseitige Wortverbindungen. Sollten hiesige Forscher jemals auf die Idee kommen, den Test mit deutschen Teilnehmern zu wiederholen, müssten sie wohl überdimensionale Schubladen konstruieren, um das »Schubladendenken« auf die Probe zu stellen.

Dass es oft körperlicher Anregung bedarf, damit wir die Welt zumindest zeitweise mit anderen Augen sehen, kennt jeder Feierabendfrustjogger aus eigener Erfahrung. Mitunter geht das sogar unter die Haut: So glättet das Schlangengift Botox nicht nur Falten, sondern auch emotionale Wogen. Ein Forscherteam gab depressiven Patienten je zwei Injektionen in die Stirn. Mal enthielt die Spritze Botox, mal ein Scheinpräparat. Wie sich zeigte, hellte ein Schuss des Nervengifts die Stimmung der Probanden messbar auf – weil es die Sorgenmimik lähmte.[56]

Auch bei der Frage, wie wir über andere denken und miteinander umgehen, spielen physische Begleitumstände eine wichtige Rolle. Wie Arbeiten des Psychologen John Bargh von der Yale University belegen, stimmt uns das Empfinden von Wärme Fremden gegenüber milde. Der Psychologe drückte Probanden eine Tasse heißen Kaffee in die Hand, der ihnen angeblich die Wartezeit bis zum Versuchsbeginn verkürzen sollte. Beim Test bewerteten die Betreffenden dann andere Personen freundlicher als es jene taten, denen man ein Kaltgetränk serviert hatte. Mit etwas Wärmendem in der Hand schöpfen wir zudem leichter Vertrauen.[57]

Umgekehrt empfinden Probanden ein und dieselbe Raumtemperatur als kühler, wenn sie sich zuvor an einsame Zeiten in ihrem Leben erinnerten. Macht man ihnen dagegen ein Geschenk, so steigt die gefühlte Temperatur an – den Betreffenden wird buchstäblich warm ums Herz.

Noch ein letztes Beispiel: In einer Befragung sollten Studierende beurteilen, wie stark bei der Stipendienvergabe die Interessen der Kandidaten berücksichtigt werden sollten.[58] Die Liste der Argumente wurde entweder auf einem 600 Gramm schweren Klemmbrett überreicht – oder die Schreibunterlage wog fast doppelt so viel. Mit dem schweren Utensil in der Hand erschienen den Beurteilern die Punkte deutlich »gewichtiger«. Das körperliche Erleben übertrug sich auf den Inhalt.

Es gibt mittlerweile Hunderte von solchen Embodiment-studien.[59] Einzeleffekte könnten dabei womöglich auf Zufallstreffern beruhen, schließlich muss nicht jedes Versuchsergebnis auf grundlegende Mechanismen der kognitiven Verarbeitung hindeuten.[60] Aber die Fülle solcher Arbeiten ergibt eine erdrückende Beweislast. Die Kognitionsforscherin Thalma Lobel resümiert: »Wir treffen unsere Entscheidungen nicht nur im Kopf, wie wir immer meinen, sondern der Körper hat ein gewichtiges Wörtchen mitzureden.«[61]

Was lehrt uns das? Weshalb beeinflusst unsere sinnliche Wahrnehmung die Denkleistung und selbst das Maß an Vertrauen, das wir anderen entgegenbringen? Offenbar schwanken unsere geistigen Maßstäbe beträchtlich, je nachdem, was wir gerade tun oder in welcher Situation wir uns befinden. Und unser Sinnesapparat zeigt geradezu chamäleonhafte Flexibilität: Er passt unser Bild der Welt blitzschnell an die Umstände an und verleiht unserer Wahrnehmung so jene Qualität, die wir brauchen, um uns in der Welt zurechtzufinden und in ihr sinnvoll zu agieren. Ein Blatt Papier erscheint weiß, egal ob wir es in der roten Abendsonne oder unter einem Halogenstrahler betrachten und entsprechend völlig unterschiedliche Sinnesreize empfangen. Ähnlich ist es auch bei höheren geistigen Tätigkeiten: Um des stabilen

Selbst- und Weltbilds willen, justiert unser Geist seine Urteile beständig nach – ungeachtet dessen, wie es objektiv um die Realität bestellt sein mag. Hier bewahrheitet sich jener berühmte Satz aus dem Roman *Der Leopard* von Tomasi di Lampedusa: »Wenn alles bleiben soll, wie es ist, muss sich alles ändern.«[62]

Nebenbei lernen

Die praktischen Folgen des Embodiment zeigen sich besonders deutlich auf drei Feldern, die für unser Leben von großer Bedeutung sind: beim Lernen, beim Bewegen und bei dem Versuch, Belastungen zu meistern. Schauen wir uns diese der Reihe nach näher an.

Sie, liebe Leserin und lieber Leser, beherrschen die deutsche Sprache sicherlich exzellent und können problemlos korrekte Sätze in ihr bilden. Doch ich wette, dass Sie die Regeln, die Sie dabei anwenden, kaum in Worte fassen können (Hobbylinguisten einmal ausgenommen). Sie haben Ihr Sprachwissen nämlich größtenteils implizit erworben, durch Hören und Nachplappern in der Kindheit. Zwar kam später in der Schule so manche bewusst (und oft mühsam) verinnerlichte Grammatikregel hinzu – seitdem wissen Sie zum Beispiel, dass transitive Verben ein Akkusativobjekt erfordern und ähnlich nützliche Dinge, die Ihnen in Zweifelsfällen weiterhelfen. Aber anwenden konnten Sie diese Regeln da schon längst – Sie ahnten nur nichts davon.

So ist es mit dem Meisten, was wir lernen: Wir wissen es nicht, sondern wir *können* es! Sprache, Bewegungen, Gewohnheiten, ja selbst abstrakte gedankliche Konzepte eignen wir uns großteils ohne bewusstes Nachdenken an.

Diese Fähigkeit, so haben Hirnforscher nachgewiesen, beruht auf einem grundlegend anderen Gedächtnissystem als der explizite Wissenserwerb und -abruf.

Ihre Erinnerungen an den vergangenen Sommerurlaub etwa oder die Vokabeln aus der Französischlektion sind Teil Ihres deklarativen oder Was-Gedächtnisses. Motorische Programme, Routinen und praktisches Regelwissen dagegen landen im prozeduralen Wie-Gedächtnis. Während Was-Inhalte im Hippocampus gebildet werden, einer ungefähr Seepferdchen-förmigen Struktur in der Tiefe des Schläfenhirns, arbeitet das prozedurale Gedächtnis unabhängig davon und ist weiträumig über das Gehirn verteilt.

Das bewies einer der berühmtesten Fälle der Neurologie: der des Neuseeländers Henry Molaison (1926–2008), der als »H. M.« in die Medizingeschichte einging. Er litt an einer schweren Form der Epilepsie. 1953 entnahmen ihm Neurochirurgen Teile des Schläfenhirns, wo man den Anfallsherd vermutete – darunter die Hippocampus-Formationen in beiden Hirnhälften. Nach der Operation besserte sich die Epilepsie deutlich, doch Molaison zahlte einen hohen Preis: Er konnte sich nichts Neues mehr merken! Die anterograde Amnesie war nahezu vollständig. Selbst Ärzte, mit denen er täglich zu tun hatte, mussten sich ihm immer wieder neu vorstellen. Kaum hatte H. M. seine Aufmerksamkeit auf etwas anderes gelenkt, erkannte er sie nicht mehr.

Wie eingehende Tests ergaben, verinnerlichte Molaison neue Bewegungsabläufe, etwa beim Nachzeichnen geometrischer Figuren, dagegen gut. Er vergaß nur jedes Mal wieder, dass er die betreffenden Figuren bereits gesehen hatte. Auch Schmerzreize behielt er im Gedächtnis: Als man ihn mit einer versteckten Reißzwecke pikste, während er einem

Fremden die Hand gab, erkannte er den Betreffenden später zwar nicht wieder – reichte ihm aber nur widerwillig die Hand.

Um die Macht des unbewussten Lernens genauer zu erkunden, gaben die Psychologen Elsbeth Stern und Robert Siegler Kindern Rechenaufgaben nach dem Muster »18 + 36 – 36 = ?«. Hier kann man brav alles addieren und wieder subtrahieren – oder aber, ganz schlau, die Zahl, die erst hinzugezählt und dann abgezogen wird, ignorieren. Viele Kinder nahmen diese Abkürzung, konnten ihr Kalkül aber erstaunlicherweise nicht erläutern. Sie wandten den richtigen Kniff an, ohne es zu wissen.

Auch bei Erwachsenen lässt sich so etwas beobachten: Sollen Probanden eine Taste drücken, sobald in einer Ecke des Bildschirms ein bestimmtes Zeichen auftaucht, so gelingt das umso besser, wenn die Abfolge der Präsentationen einem Muster folgt. Aber die Reaktionszeiten sinken schon, bevor das jeweilige Muster bewusst erkannt wird.

Doch ist es nicht übertrieben, das »Lernen ohne denken« so hoch zu hängen? Behalten wir die wirklich wichtigen Dinge nicht vielmehr bewusst und willentlich? Das kommt ganz darauf an, was man unter »wirklich wichtig« versteht. Sicher: Vieles lernen wir entweder bewusst oder gar nicht. Wir verfolgen konkrete Lernabsichten, nehmen uns etwa vor, im Urlaub Spanisch zu sprechen, Saxophon zu spielen oder die neue Bürosoftware anzuwenden. Wir wollen (oder können) nicht immer darauf warten, bis uns Wissen zufliegt. Doch wenn wir dann lernen, geschieht das meist weniger durchdacht und kontrolliert, als wir meinen. Wir unterschätzen den Beitrag impliziter, das heißt unbewusster und daher nicht willkürlich abrufbarer Wissensbestände.[63]

Nachdem sie die Forschung über die besten Lernmetho-
den gesichtet hatten, kamen Psychologen um John Dunlosky von der Washington University 2013 zu dem Schluss:
Pausen machen, sich ablenken und im Unbekannten sto-
chern, fördert den Lernerfolg mehr als das Anmarkern und
Wiederholen von Fakten.[64] Bevor man sich in einen Stoff
hineinkniet, lohne es sich zum Beispiel, über den Tellerrand zu blicken: Beschäftigten sich Probanden vor einer
neuen Lektion mit der Frage, was sie zum jeweiligen Thema
alles *noch nicht* wissen, behielten sie das Neue besser.

Darin liegt das Geheimnis des Lernens: Es webt neues
Wissen und neue Fertigkeiten in das Netz der bestehenden
Erinnerungen ein. Je mehr Anknüpfungspunkte es dafür
gibt, desto besser. Vor allem sinnliche Erfahrungen helfen
dabei: So behalten wir Dinge, die wir selbst von Hand geschrieben haben, besser als nur Gelesenes.[65] Überhaupt stei-
gert es den Lerneffekt, wenn man mit Problemen praktisch
hantiert, sie buchstäblich »be-greift«. Der Körper denkt mit,
wenn wir ihn lassen! Dabei darf man sich das bewusste und
das unbewusste Lernen nicht als getrennte oder gar konkur-
rierende Modi vorstellen; sie gehen Hand in Hand.

Die Psychologen Bruno Bocanegra und Bernhard Hommel
baten Probanden in ihrem Labor zum Reaktionstest: Man
sollte entweder links oder rechts eine Taste drücken, je nachdem, welche Figur auf einem Bildschirm erschien. Die Sym-
bole wechselten dabei laufend Farbe, Form, Größe oder Position. Links zu klicken galt es beispielsweise, wenn das Objekt
groß *und* grün war; rechts dagegen, wenn es klein *und* blau
war. Die Probanden mussten dabei freilich von selbst auf
die jeweils relevante Kombination kommen. Als man sie bat,
dabei genau zu überlegen, waren sie nicht nur langsamer, sie
lagen auch öfter falsch als Spontanentscheider.

Die bewusste Mustersuche ist nicht grundsätzlich verkehrt. Vieles schnappen wir nicht einfach nebenbei auf; wir müssen Lerngelegenheiten suchen und ergreifen. Überblicksstudien wie die von Dunlosky und Kollegen zeigen jedoch, dass Büffeln und Pauken kein besonders effektiver Weg ist. Besser funktioniert es, neu Gelerntes in eigenen Worten wiederzugeben – und dabei auch das zu beachten, was man noch *nicht* weiß. Bewusste Aufmerksamkeit ist prima, solange man sie gut dosiert und an der richtigen Stelle einsetzt. Sonst passiert schnell, was der Kognitionsforscher Dan Ariely einmal so formulierte: »Denken hilft zwar, nützt aber nichts.«

Den größten Vorteil des impliziten Lernens habe ich noch gar nicht erwähnt: Es spart kostbare Energie. Unser Gehirn muss mit seinen Ressourcen gut haushalten, also zieht es viele Schlüsse auf geheimen Pfaden. Das beansprucht weniger Aufmerksamkeit als das bewusste Lernen, und wir können daneben oft noch anderes tun. Der Haken: Implizit Gelerntes lässt sich schwer steuern. Wenn ich mir etwa beibringen will, eine Krawatte zu binden, habe ich eine klare Idee davon, was ich tue, und teste verschiedene Möglichkeiten. Beim impliziten Lernen bin ich mir dagegen keiner Theorie oder keines Plans bewusst – das so Gelernte lässt sich folglich nicht so einfach auf andere Fälle übertragen. Das bewusste, absichtsvolle Lernen macht uns zwar flexibler, doch seine Kapazität ist eng begrenzt.

Unser Gedächtnis ist zudem kein passiver Speicher, in dem Dinge abgelegt sind, die wir bei Bedarf wieder hervorholen. Es ist ständig im Fluss. Bei jedem Abruf speichern wir Erinnerungen neu und anders wieder ab. Das führt dazu, dass sie sich permanent verändern und bisweilen gegenseitig ins Gehege kommen. Wer lernen will, muss ver-

gessen können! Auch dabei unterstützt uns das Embodiment: Psychologen baten Probanden, darüber nachzudenken, was sie in letzter Zeit so richtig gewurmt hatte.[66] Dann
sollten sie das Frusterlebnis aufschreiben und den Zettel
dem Versuchsleiter übergeben. Manche Teilnehmer sollten
ihre Notiz vorher in einen Umschlag stecken, die anderen
händigten sie einfach so aus. Wie die Nachbefragung zeigte,
schloss die Couvert-Gruppe mit dem Erlebten besser ab. Die
emotionale Last war geringer als bei jenen, die ihren Frust
nicht »versiegelt« hatten. Wer eine Enttäuschung oder Krän-
kung hin und her wälzt (Wie kam es dazu? Womit habe ich
das verdient? Wie kann ich es ungeschehen machen?), dem
hängt die Sache erst recht nach. Diesen Teufelskreis zu
durchbrechen, gelingt leichter, wenn man die Sache ab-
schließt und wegsteckt. Und zwar buchstäblich.

Wer überlegt, verliert

Im Lauf unseres Lebens entwickeln wir eine Vielzahl moto-
rischer Routinen. Wie wir den Wecker auf dem Nachttisch
zum Schweigen bringen und aus dem Bett steigen, wie wir
uns unter der Dusche einseifen und wie wir die Haare
trocknen; wie wir uns anziehen, die Zähne putzen, das Haar
bändigen, den Schlüssel im Schloss herumdrehen – all das
haben wir schon zigfach vollführt. Andere erkennen uns an
der Art, wie wir gehen, wie wir den Kopf halten oder reden.
»Du bewegst dich wie deine Mutter!«, »Du lachst wie dein
Vater!«

Versuchen Sie einmal, einen banalen Handgriff anders
als gewohnt auszuführen! Schnürsenkel binden, ohne den
Finger auf die Schlaufe zu drücken. Die Haustür mit links

aufschließen. Sich einhändig schnäuzen. Solche Handlungen sind hoch automatisiert; sobald wir ihnen Aufmerksamkeit widmen, können wir sie meist nicht mehr wie üblich abspulen. Das passiert uns vor allem dann, wenn wir unter Druck stehen oder beobachtet werden. Jetzt bloß keinen Fehler machen! Doch je mehr wir uns darauf konzentrieren, desto eher geht die Sache schief.

»Unter Anspannung achten wir besonders darauf, wie wir eine Bewegung ausführen. Das steht uns oft im Weg«, bestätigt die Sportpsychologin Gabriele Wulf von der University of Nevada in Las Vegas. Gesteigerte Selbstaufmerksamkeit lässt auch Fußballer, Tennisprofis und andere Athleten im entscheidenden Moment häufig versagen. Selbst Sprinter laufen langsamer, wenn sie auf ihre Bewegung statt auf die Tartanbahn achten. Wie kommt das?

Üben überführt Bewegungsprogramme ins prozedurale Gedächtnis. Ob Geige spielen oder Elfmeter schießen, sind die Bewegungsabläufe automatisiert, kommen wir durch bewusste Anstrengung nicht mehr heran. Wir können sie zwar willentlich anstoßen, dann jedoch übernimmt der Autopilot die Regie. Das ermöglicht es uns beispielsweise beim Autofahren, mit dem Beifahrer zu plaudern.

Doch der Autopilot ist störanfällig: Konzentrieren wir uns erneut auf die automatisierte Bewegung, patzen wir leicht. Sportpsychologen nennen das *choking* – ersticken. »Auf Analyse folgt Paralyse«, erklärt Sian Beilock, die das Phänomen viele Jahre erforscht hat. Wenn wir eine Sache verinnerlicht haben, so ihr Fazit, ist Ich-Fokussierung meist Gift. Wer überlegt, verliert.

Wie genau die erhöhte Selbstaufmerksamkeit die Automatismen des Körpers behindert, haben Forscher noch nicht restlos geklärt. Laut Karen Zentgraf von der Universi-

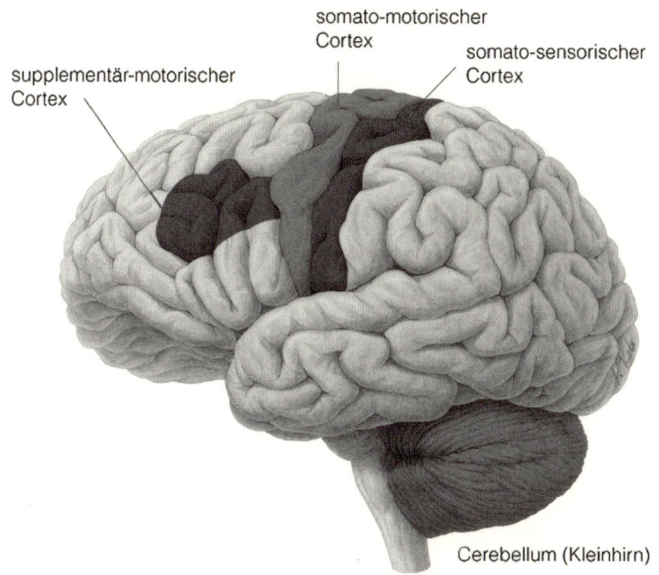

somato-motorischer Cortex

somato-sensorischer Cortex

supplementär-motorischer Cortex

Cerebellum (Kleinhirn)

Hirngraphik 1: Für die Bewegungssteuerung und das Körper-empfinden wichtige Hirnareale.

tät Münster verstärkt externe Fokussierung, im Gegensatz zur Konzentration auf sich selbst, die Aktivität im somato-sensorischen Cortex (siehe Hirngraphik oben). Das helfe, sich flexibel auf wechselnde Bedingungen einzustellen. Forscher um John Milton von der University of Chicago verglichen die Hirnaktivität bei erfahrenen Golfern mit der von Anfängern, während sie im Geist Abschläge übten: Der supplementär-motorische Cortex, welcher Bewegungen plant, war bei allen gleich aktiv, nicht jedoch die Basalganglien und das Kleinhirn, die am Feintuning beteiligt sind. Sprich: Anfänger trieben mehr Aufwand, um sich den Bewegungs-ablauf vor dem inneren Auge zu vergegenwärtigen.

Golfer, die ihren Bewegungsablauf beim Putten im Geiste mitvollziehen, lochen schlechter ein als ebenbürtige Sportsfreunde, die ihn lediglich verbal beschreiben sollen. Die Aufmerksamkeit nach außen zu lenken, sich nicht auf die eigene Handlung, sondern auf deren Ziel zu konzentrieren, macht vor Patzern eher gefeit. Daher rücken auch Pianisten tunlichst die Tasten oder ihre Partitur mental in den Blick statt der Finger. Nicht auf sich selbst zu fokussieren ist vor allem dann schwierig, wenn einem die Angst im Nacken sitzt – bei Lampenfieber zum Beispiel. Aus diesem Grund sind Selbstvertrauen tanken und den Ernstfall proben eine wirksame Choking-Prophylaxe. Wer sich seiner Sache sicher ist, lenkt seine Aufmerksamkeit seltener dorthin, wo sie Unheil stiftet – aufs Ich.

Aber ist es manchmal nicht doch unerlässlich, sich auf sich selbst zu konzentrieren und Innenschau zu treiben, um gewisse Herausforderungen zu meistern? Oder um die Last negativer Gefühle zu mildern oder sich vor Überlastung und Burnout zu schützen? Dann muss man doch wohl besonders achtsam sein und in sich hineinhorchen, oder etwa nicht?

So ganz eindeutig ist selbst dieser Fall nicht. Einen Gang zurückzuschalten und sich zu fragen: »Warum tust du dir das eigentlich an?« – das lohnt sich allemal. Doch entgegen einer verbreiteten Ansicht haben bewährte Entspannungs- und Anti-Stressprogramme wie etwa die Achtsamkeitsmeditation sehr wenig mit gesteigerter Selbstreflexion und einer »bewussteren Lebenseinstellung« zu tun. Sie erleichtern es vielmehr, mit der Automatik des Denkens gelassen und spielerisch umzugehen, wie wir im Folgenden sehen werden.

Was die Psyche stark macht

Ich liege auf dem Rücken und bin ganz bei mir. Genauer gesagt, bei meinen Fußsohlen. Als nächstes kommen die Knöchel an die Reihe, dann Waden und Knie, Oberschenkel, Bauch, Brust – bis hinauf zum Scheitel. Stück für Stück durchwandere ich im Geist meinen Körper. Ich lasse mir Zeit. In mir gluckert und knirscht es. »Dein Atem ist ein Anker, der dich ins Hier und Jetzt zurückholt«, sagt eine Stimme. »Jedes Ausatmen ist ein Loslassen, jedes Einatmen ein neuer Anfang.« Kaum ist es still, driften meine Gedanken ab. Wo esse ich in der Mittagspause? Habe ich überhaupt Geld dabei? Eigentlich müsste ich dringend mal ... »Wo ist deine Aufmerksamkeit jetzt?« Ups! »Konzentriere dich auf deinen Atem.« Die Stimme, die mich beim *Body Scan* anleitet, gehört Petra. Sie ist Achtsamkeitstherapeutin.

Achtsamkeit gilt im Buddhismus als wichtiges Etappenziel auf dem Weg zum Nirwana. Gemeint ist, sich von Urteilen und Gedanken zu lösen, sie nicht zu bewerten und einzuordnen, sondern einfach sein zu lassen, wie sie sind. Wohlwollendes, offenes Gewahrsein heißt das in der Therapeutensprache. Ende der 1970er-Jahre kombinierte der US-amerikanische Mediziner Jon Kabat-Zinn die fernöstliche Zen-Meditation mit westlicher Schulmedizin. Heraus kam die Achtsamkeitsbasierte Stressbewältigung (*Mindfulness-Based Stress Reduction*, kurz: MBSR), ein Sechs-Wochen-Programm, das dabei helfen soll, im gegenwärtigen Moment zu sein und sich von seinen Gedanken nicht vereinnahmen zu lassen. Neben dem Body Scan dienen dazu unter anderem Sitz- und Gehmeditationen sowie Wahrnehmungsübungen, etwa die, eine Rosine möglichst intensiv zu schmecken.

Nicht bewerten, nicht filtern, nur beobachten und akzeptieren, was einem gerade durch den Kopf geht. Das beruhigt. Wohlgemerkt: Akzeptieren bedeutet nicht *gutheißen*! Man soll beispielsweise Schuldgefühle oder Selbstvorwürfe (auch die kommen einem ja gerne mal in den Sinn) nicht etwa bestätigen; vielmehr lässt man sie einfach stehen. Besser gesagt, vorüberziehen. Das schafft Distanz und lockert festgefahrene Denkmuster. So weit die Theorie.

Petra erklärt mir einen Kniff, wie man das praktisch bewerkstelligt: Statt »Ich bin müde« solle ich mir sagen: »Du denkst, du bist müde.« Oder: »Steve denkt, er ist müde.« Die Anrede in der zweiten oder dritten Person verdeutliche, was wir im Alltag leicht vergessen: Gedanken sind *nur* Gedanken, keine Wahrheiten.

Die Psychologen John Teasdale und Mark Williams verbanden Achtsamkeitstechniken mit der kognitiven Verhaltenstherapie. So entstand die *Mindfulness-Based Cognitive Therapy* (MBCT), die depressive Symptome mindert, zum Beispiel eine starke Neigung zum Grübeln. Die Betroffenen empfinden ihre Schwächen und Missgeschicke als nicht mehr so belastend. Auch in der Schmerztherapie bewährte sich der Ansatz. Sobald der Patient seine Beschwerden zulässt, geschieht das Paradoxe: Sie nehmen ab! Wer es sich gestattet, willensschwach, schlecht gelaunt oder verspannt zu sein, verwandelt dies alles zwar nicht ins Gegenteil; aber er merkt meist schnell, dass die Sache nicht so dramatisch ist wie es schien. Viele Probleme entpuppen sich dann als Scheinriesen: Sie werden umso größer, je weiter man vor ihnen davonläuft.

Psychotherapie gilt gemeinhin als der Versuch, Denken, Fühlen und Handeln von Menschen ganz neu auszurichten. Veränderung heißt das oberste Ziel. Doch tatsächlich lindert es seelische Notlagen oft effektiver, wenn man lernt zu akzeptieren, wie es ist. Dass man manchmal vor Dingen Angst bekommt, die gar keine Bedrohung darstellen, oder dass man immer wieder die gleichen, vorhersehbaren Fehler macht – dies hinzunehmen, lässt die Angst oder Schwermut oft eben nicht wachsen, wie viele Betroffene fürchten, sondern es zeigt: Ach, ist ja doch nicht so schlimm! Wer nicht verbissen dagegen ankämpft, sondern großzügig darüber hinwegsieht, zieht vielen Bedenken den Stecker.

In den letzten Jahren boomten achtsamkeits- oder akzeptanzbasierte Therapieansätze. Achtsamkeit ist mittlerweile sogar ein beliebter Lerninhalt von Volkshochschulkursen, in Schülerfreizeiten oder Mutter-Kind-Kursen. Sie hat ein uneingeschränkt positives Image, doch gerade Anfänger fragen sich oft, wie man das eigentlich hinbekommt, konzentriert und zugleich offen zu sein. Wie geht das zusammen? Sich zu konzentrieren bedeutet doch gerade, das Unerwünschte, Nebensächliche auszublenden.

Des Rätsels Lösung: Gedanken kommen eher zur Ruhe, wenn man ihnen das Abschweifen gestattet statt sie krampfhaft lenken zu wollen! Wenn man sich nicht ärgert, sobald man im Geist mal wieder ganz woanders war, sondern es einfach zulässt. Nicht bei der Sache bleiben, sich langweilen, Zeit vertun – das gehört zum Leben dazu. Achtsamkeit ist insofern kein Mentaltraining, das uns auf Effizienz trimmt, sondern eine Lockerungsübung. Dass der gedankliche Fokus dabei immer wieder abhanden kommt, ist unvermeidlich; auf den gelassenen Wechsel zwischen Konzentration und Ablenkung kommt es an.

Menschen, die an einer Angststörung oder Depression leiden, fehlt meist diese Distanz. Die Betroffenen wollen ihre Gedanken unbedingt kontrollieren und halten ihren

Inhalt für unbezweifelbar. »Ein depressiver Mensch ist ganz nach innen gerichtet, beschäftigt sich nur mit den eigenen Belangen und versucht, durch ständiges Grübeln die Ursachen seines Elends ausfindig zu machen«, schreibt der Journalist Stefan Klein. »Gelingt es dagegen, den Blick nach außen zu wenden, bleibt für Sorgen und Ängste wenig Raum.«[67] Sich vom Sog der düsteren Gedanken zu befreien, ist ein erster Schritt zur Besserung.

Mythen über Resilienz

Die seelische Widerstandskraft ist von Mensch zu Mensch sehr unterschiedlich ausgeprägt. Mancher steckt selbst schlimme Erfahrungen weg, andere dagegen wirft schon eine Beziehungskrise aus der Bahn. Wie gut wir über Probleme hinwegkommen, hängt von einer Vielzahl innerer und äußerer Faktoren ab, die unsere Resilienz formen. Dieser Begriff aus der Materialwissenschaft bezeichnet eigentlich das Zurückspringen eines verformten Gegenstands in seinen Ausgangszustand. Im übertragenen Sinn spricht man von psychischer Resilienz.

Sie ist zum Teil eine Frage der genetischen Ausstattung, die die Aktivität verschiedener Hirnbotenstoffe beeinflusst.[68] Es gibt allerdings nicht *das* Resilienzgen.[69] Eine Fülle von Erbfaktoren wirken hier vielmehr zusammen und Umwelteinflüsse, wie etwa die Qualität der sozialen Beziehungen eines Menschen, schalten diese wiederum ein und aus. Dieses als Epigenetik bekannte Phänomen wird heute von Forschern rund um den Globus intensiv erkundet.

Ein erster Meilenstein der Resilienzforschung war eine Studie von Wissenschaftlern um Emmy Werner von der

University of California in Davis. Sie unterzogen fast 40 Jahre lang einen ganzen Geburtsjahrgang auf der hawaiianischen Insel Kauai ausführlichen Befragungen und Tests. Von den rund 700 Kindern, die dort 1955 zur Welt gekommen waren, hatten viele ein schweres Los: Armut, Gewalt und Drogen belasteten ihr Leben. Ein entsprechend großer Teil von ihnen wurde verhaltensauffällig oder kriminell. Als die Verlaufsstudie Mitte der 1990er-Jahre beendet wurde, hatte aber immerhin rund jeder Dritte einen Schulabschluss, eine Arbeit und ein stabiles soziales Netz.

Wie Werners Team herausfand, zeichneten sich diese Menschen vor allem durch zwei Dinge aus: Sie waren insgesamt aktiver und sie nahmen eher Kontakt zu anderen auf. Unterm Strich bekamen die Betreffenden dadurch mehr Unterstützung – und das gab ihnen seelischen Halt. Der beste Schutz für unsere Psyche, so Werner, sind Mitmenschen.[70]

Resilienz ist folglich weniger ein individuelles Talent als vielmehr eine Frage der sozialen Einbettung. Eine Lehrerin, zu der man aufblickt, oder ein zugewandter »Mentor« in Familie oder Freundeskreis hilft jungen Menschen, viele Widrigkeiten zu verkraften. Resilienz ist auch bei weitem keine seltene Sonderbegabung, sondern die Regel! Verluste, Niederlagen und Schicksalsschläge, so schmerzhaft, ja tragisch sie häufig sind, hinterlassen in der Mehrzahl der Fälle keinen dauerhaften Schaden. Selbst Opfer von Gewalt oder Missbrauch entwickeln im Schnitt in weniger als der Hälfte der Fälle eine posttraumatische Belastungsstörung (PTBS).[71]

»Der Mensch ist ein zähes Tier«, erklärt der US-amerikanische Psychologe George Bonano.[72] Er hat untersucht, wie Opfer und Augenzeugen der Anschläge auf das World Trade Center am 11. September 2001 mit dem Erlebten fertig wurden. Sein Fazit: Die meisten kamen ohne bleibende psychische Beeinträchtigungen darüber hinweg. Das soll solche Erfahrungen keineswegs bagatellisieren, doch einen Schrecken ohne Ende bedeuten sie in der Regel nicht.

Es gibt andererseits jedoch auch keine Teflonbeschichtung für die Seele. Selbst hoch resiliente Menschen kennen Zweifel, Nöte und Krisen. Nur wachsen sie eher daran, statt sich davon überwältigen zu lassen. Der seelische Schutzschild wächst an den Widrigkeiten, die ein Mensch überwindet. Insofern ist Resilienz keine Frage der guten Vorsätze oder des persönlichen Schonraums. Wer resilient sein will, braucht Krisen.

Kann man Resilienz überhaupt lernen? »Ressourcen aktivierende« Coachings gibt es wie Sand am Meer. Doch die meisten sind das Papier nicht wert, auf dem sie beworben werden.[73] Der Grund: Eingeschliffene Muster im Umgang mit Belastungen und negativen Gefühlen lassen sich nicht einfach ablegen. Versagensängste oder Katastrophengedanken, die überbehütende Eltern einem einpflanzten, oder geringes Selbstvertrauen durch mangelnde Anerkennung lassen sich nicht mal eben wegdiskutieren. Sigmund Freuds großer Irrtum war die Idee, dass das bloße Bewusstmachen seelischer Konflikte schon heilsam wirke. Den von ihm postulierten Katharsis-Effekt gibt es nicht; einen seelischen Konflikt zu durchschauen, ist (wenn überhaupt) erst der Anfang.

Ein wesentlicher Schlüssel, neben sozialen Beziehungen, lautet: Akzeptanz. Ob Ängste, Selbstzweifel, Melancholie oder eine andere der zahllosen Verwirrungen unserer Psyche – vieles davon schrumpft auf ein erträgliches Maß, wenn man sich aus Überzeugung sagen kann: »So bin ich, das ist schon okay!«

Lassen Sie sich von der Glücksindustrie nicht einreden, es müsse alles eitel Sonnenschein sein. Das drängt nur jeden, der ein normales Gefühlsleben mit Höhen und Tiefen hat, in die Opferrolle. Doch Grenzen hinnehmen, sich bescheiden – wer tut das schon gern? Wer begnügt sich freiwillig und akzeptiert sich mit all seinen persönlichen Unzulänglichkeiten? Das ist nicht leicht. Aber es geht nicht darum, sich klein zu machen, sondern zu erkennen: Glücklicher ist, wer nicht ganz so viel Aufhebens davon macht.

Intermezzo: Die Sportlerin

Früher oder später wird die Sache anstrengend. Wenn es gut läuft, erst auf den letzten Kilometern, aber manchmal muss Natascha auch stundenlang die Zähne zusammenbeißen und sich ins Ziel kämpfen. Sie hat im Lauf der Jahre ihre Kniffe entwickelt, um sich dann zu motivieren. »So ein Rennen gewinnt man nicht mit den Beinen«, sagt sie, »sondern im Kopf!«

Wenn sie erste Anzeichen von Erschöpfung spürt oder in ein Tief gerät, stellt sie sich zum Beispiel frühere Erfolge oder tolle Trainingserlebnisse vor. Momente, in denen sie sich voller Kraft und pfeilschnell fühlte. »Das pusht«, sagt Natascha. Auch selbstbestärkende Mantren wie »Bleib dran, du schaffst das!« helfen ihr über kritische Phasen. Natascha ist studierte Sportwissenschaftlerin und Profi-Triathletin.

Irgendwann nach etwa 200 Kilometern geht auch ihr durchtrainierter Körper an die Reserven. Da hat sie das Schwimmen und Radfahren längst hinter sich, was fehlt, sind »nur noch« die letzten Meter des Marathons. Ein *Ironman*, das sind 3,8 Kilometer Schwimmen, 180 Kilometer Radfahren und 42,195 Kilometer Laufen – hintereinander, versteht sich. Natascha spult das in gut neun Stunden herunter. Ihr großes Ziel: Hawaii. Die Weltmeisterschaft im Mekka der Triathleten.

Ich lernte Natascha im Zug kennen. Auf dem Rückweg vom »Strandräuber-Triathlon« auf Rügen, den sie tags zuvor gewonnen hatte. Natascha war mehr als anderthalb Stunden vor mir ins Ziel gespurtet, während ich, der Hobbysportler, auf den letzten Metern nur eins dachte: »Mein Gott, wie lange noch?« Dabei ist der Rügen-Triathlon nur eine sogenannte Halbdistanz, die Hälfte eines Ironman.

Am nächsten Morgen stieg Natascha mit ihrer Rennmaschine, die ein kleines Vermögen kostet, in das gleiche Radabteil des IC nach Frankfurt wie ich und wir kamen ins Gespräch. »Neun Stunden sind eine lange Zeit. Was geht dir währenddessen im Kopf herum?«, fragte ich. Sie erzählte, wie sie sich das Rennen in Etappen zerlegt, die sie der Reihe nach abarbeitet. So wirkt die Strecke weniger furchteinflößend.

Natascha kam von der Leichtathletik. Sie war Jugendmeisterin über verschiedenen Langstrecken, bis sie eine hartnäckige Verletzung plagte. Zum Alternativtraining stieg sie aufs Rad oder zog im Schwimmbad Bahnen. Irgendwann beschloss sie mehr oder weniger aus Jux, einmal einen Triathlon auszuprobieren – und gewann auf Anhieb.

In kaum einem anderen Sport führt man so lange die immer gleichen Bewegungen aus. Beim Radfahren kurbelt der Athlet in tief gebückter Haltung stundenlang vor sich hin. »Wird dir das nie langweilig?« Sie blickt mich fragend an. »Nein! Das ist, als würdest du mit der Bewegung verschmelzen, du wirst eins mit dem Rad, mit dem Asphalt. Neben der Ernährung zähle vor allem die mentale Einstellung, erklärte Natascha. Und eingeschliffene Automatismen. Wer darüber nachdenkt, was er wann essen soll, habe schon verloren.

»Vielen Außenstehenden erscheint so ein Triathlon als eine einzige Quälerei – was reizt dich daran?« – »Für mich ist es einfach die beste Art, den Kopf frei zu bekommen. Die meisten Leute unterschätzen, wie formbar der Körper und das eigene Leistungsvermögen ist. Und natürlich macht niemand einen Ironman aus dem Stand. Das bedarf jahrelanger Vorbereitung. Das Radfahren zum Beispiel, anfangs meine Horrordisziplin, liebe ich mittlerweile. Mein Rad, die Landschaft und ich werden irgendwie eins, das ist schwer zu beschreiben. Vielleicht lernt man nirgends so gut wie beim Triathlon, dass sich Geduld und Hartnäckigkeit auszahlen.«

3. Kapitel
INTUITION oder
Was Es uns sagt

Diese Geschichte beginnt in Jahr 333 vor Christus. Damals stand in Gordion, der Hauptstadt der Phryger in der heutigen Türkei, der Legende nach ein Ochsenkarren. Die Götter des Olymp höchstpersönlich hatten ihn dort an einen Pfahl gebunden. Wer den Knoten löste, so prophezeite das Orakel, würde über ganz Asien herrschen. (Inwiefern der Besitz eines Ochsenkarrens zu solcher Machtfülle verhelfen könne, ließ das Orakel offen.) Viele Männer versuchten ihr Glück und scheiterten. Der Knoten war so kompliziert, dass niemand das Gewirr durchschaute. Schließlich eroberte ein junger Feldherr Gordion. Er musterte den Knoten, zog sein Schwert und schlug ihn entzwei. Dieser Tatmensch hieß Alexander, genannt der Große.

Die Geschichte vom »Gordischen Knoten« steht sinnbildlich dafür, dass die Lösung eines Problems trivial sein kann, wenn man den Mut aufbringt, den gerade Weg zu gehen und von den verwirrenden Details abzusehen. Solche Strategien und Geistesblitze beschäftigen heute zahlreiche Forscher wie etwa Psychologen, Neurowissenschaftler und Verhaltensökonomen. Ihre Erkenntnisse widerlegen die verbreitete Annahme, die Qualität unserer Urteile und Entscheidungen sei stets umso höher, je genauer wir sie durchdenken. Verblüffenderweise sind spontane Einschätzungen und Entschlüsse oft die klügeren – oder sie fühlen sich subjektiv zumindest besser an. Das ist kein Wunschdenken notorischer Denkmuffel, sondern eine durch Experimente vielfach gestützte Beobachtung.

Demnach leistet uns die reifliche Analyse und bewusste Reflexion unter Umständen schlechtere Dienste als die automatische Verarbeitung von Reizen. Dass wir zu dieser überhaupt fähig sind, gründet in der Arbeitsweise unseres Gehirns; es kennt keinen Elfenbeinturm des reinen Geistes, sondern vermeintlich abstrakte Tätigkeiten wie Schlussfolgern und argumentatives Abwägen sind eng mit körperlichen Vorgängen verknüpft. Wahrnehmung, Motorik und Denken bilden eine Einheit. So registrieren und bewerten wir auch unterhalb der Bewusstseinsschwelle eine Fülle von Reizen, die unser Denken und Handeln beeinflussen. Das bewusste Ich hat sozusagen einen flinken Doppelgänger, der ihm den Weg freiräumt.

Über die Macht der Intuition (von Lateinisch »intueri« = hineinblicken, durchschauen) ist schon viel geschrieben worden.[74] Wissenschaftler sprechen meist lieber von »impliziter Informationsverarbeitung«. Das hebt sie vom Heer der Gurus ab, für die Intuition ein gefundenes Fressen ist. »Quäl dich nicht!«, raunt die Branche, »bemühe nicht unnötig den Verstand, sondern höre auf dein Bauchgefühl. Geh, wohin dein Herz dich führt!« Klingt verlockend, doch ganz so einfach ist es nicht. In jeder kniffligen Lebenslage einen verlässlichen, inneren Kompass zu besitzen, der einem den Weg weist – diese Vorstellung ist dann doch zu schön, um wahr zu sein.

Die spannende Frage lautet: *Wann* genau sollte man eher intuitiv und wann überlegt vorgehen? Studien belegen, dass uns das bewusste Nachdenken oft gerade dann im Stich lässt, wenn es kompliziert wird. Es kapituliert vor den schwierigen Problemen, die einfachen sind eher sein Metier; dagegen spielt das spontane Urteilen in unübersichtlichen, verworrenen Situationen seine Trümpfe aus.

Vor rund zehn Jahren erschien im Fachblatt *Science* eine Arbeit mit dem Titel »Die richtige Entscheidung treffen: der Effekt des unbewussten Abwägens«.[75] Die Autoren waren der niederländische Psychologe Ap Dijksterhuis und Kollegen von der Universität Amsterdam. Ihre provozierende These: Je vertrackter ein Problem, desto weniger bringt Nachdenken.

Dijksterhuis' Team schloss das aus einer Reihe von Laborexperimenten. In einem sollten die Teilnehmer das ihrer Meinung nach beste unter vier vorgegebenen Autos auswählen. Dazu wurden ihnen Listen mit verschiedenen Eckdaten wie Verbrauch, PS-Zahl oder Stauraum vorgelegt. Mal waren es vier, mal zwölf solcher Angaben. Eines der Autos wurde dabei jeweils zu Dreivierteln durch günstige Merkmale beschrieben (3 von 4 oder 9 von 12), auf zwei Modelle entfielen gleich viele Plus- wie Minuspunkte (je 2 beziehungsweise 6) und das letzte besaß nur zu einem Viertel Vorzüge. Alle Probanden bekamen vier Minuten Zeit, sich zu entscheiden. Doch nur die Hälfte sollte die Angaben exakt abwägen; die anderen hinderte man im Gegenteil sogar daran, indem man sie mit Knobelaufgaben ablenkte.

Ergebnis: War die Kriterienliste kurz, wählten die Abwäger öfter das objektiv gesehen beste Auto als die abgelenkten Probanden. Bei einem Dutzend verschiedener Angaben war es jedoch genau umgekehrt: Die Grübler erkannten jetzt seltener die Topkarosse als jene, die gar keine Gelegenheit hatten, sich Gedanken zu machen.

In einer weiteren Untersuchung befragte Dijksterhuis' Team Kunden, die soeben aus einer Filiale der niederländischen Supermarktkette Bijenkorf oder aus einem Ikea-Möbelhaus kamen. Lebensmittel im Discounter einzukaufen, ist keine große Wissenschaft; bei Ikea dagegen kann man sich bekanntlich ewig und drei Tage den Kopf zerbrechen über Maße, Dekor und Einrichtungsdetails. Siehe da: Im Möbelhaus fühlten sich Spontankäufer insgesamt wohler und waren mit ihrer Wahl zufriedener als Leute, die lange hin und her überlegten; der Einkauf bei Bijenkorf behagte wiederum den bedächtigen Einkäufern besser.

Über komplizierte Fragen lange zu brüten, zahle sich nicht aus, so das Fazit der Forscher. »Einfache Probleme sollte man rational lösen, das Nachdenken über komplexere Sachverhalte überlässt man besser dem Unbewussten«, so Dijksterhuis. Mit anderen Worten: Wähle deine Socken mit Bedacht, über den Hauskauf grüble lieber nicht so viel nach!

Natürlich wurden bald Zweifel an dieser steilen These laut. Abgesehen von der Frage, wann genau ein Problem eigentlich einfach und wann kompliziert ist, ging es dabei vor allem um die Treffsicherheit des unbewussten Denkens. Machen wir nicht intuitiv ebenso viele Fehler wie beim rationalen Abwägen, nur vielleicht andere? Die Psychologen Todd Thorsteinson und Scott Withrow wiederholten Dijksterhuis' Autostudie. Bei ihnen schnitten Grübler und Spontanentscheider jedoch gleich gut ab.[76] Beide Gruppen gerieten auf Abwege, nur die Gründe dafür waren verschieden: Während die Abgelenkten das entscheidende Kriterium leicht übersahen, gewichteten die anderen nebensächliche Faktoren besonders stark. Die einen sahen sozusagen den

Wald vor Bäumen nicht, die anderen schossen sich auf Dinge ein, die nichts zur Sache taten.

Sind die besten Entscheidungen vielleicht eher solche, bei denen bewusste Abwägung und Bauchgefühl einander ergänzen? Und wenn ja, wie geht das?

Lange Zeit hielt man die Intuition für eine Art verkürztes Denken. Sie entspringe dem »kognitiven Sparsamkeitsprinzip«, sprich: der menschlichen Denkfaulheit. So ermögliche sie uns wenigstens eine grobe Annäherung an das Ideal einer rationalen Entscheidung, wenn wir zum Beispiel nicht genug Zeit oder Informationen zur Verfügung haben. Diese Theorie gründet jedoch mindestens zum Teil auf dem methodischen Vorgehen von Forschern: Bei ihren Studien bitten sie Probanden der Einfachheit halber meist, schnell zu sagen, welche von mehreren Optionen sie bevorzugen. Welches Auto ist das beste? Welche Marmelade schmeckt am leckersten? Nun ist Tempo zwar ein probates Mittel, um differenziertere Überlegungen zu unterbinden. Intuition hat allerdings eine andere Qualität: Ich weiß nicht warum, aber ich bin mir sicher, *so muss es sein!*

Der Neurobiologe Gerhard Roth beschreibt das Hauptkennzeichen spontaner Eingebungen so: »Intuitives Problemlösen unterscheidet sich qualitativ vom gedanklich konzentrierten Problemlösen dadurch, dass es nicht linear-sequenziell, nicht Überlegung für Überlegung voranschreitet, sondern in ›parallel-verteilter‹ Weise, wobei die Lösungssuche anstrengungslos und ohne Detailerleben verläuft. Allerdings haben Personen bei derartigen Vorgängen (...) oft das Gefühl, einer Lösung nahe zu sein, sie nur nicht fassen zu können.«[77]

Intuitive Ratschlüsse stellen sich meist dann ein, wenn wir bereits eine gute Portion Erfahrung gesammelt haben.

Damit die Inkubation, die Phase der unbewussten Informationsverarbeitung, wirken kann, muss man sich mit der betreffenden Sache eingehend beschäftigt haben! Hat man eine Weile darüber gebrütet, empfiehlt es sich, anderes zu tun: etwa spazieren zu gehen, zu stricken oder zu joggen. Je monotoner, desto besser. Das bietet zwar keine hundertprozentige Gewähr, dass der Groschen fällt – aber es erhöht immerhin die Chancen.

Der oft beschworene Gegensatz zwischen Kopf und Bauch ist Humbug. Intuition ersetzt das Nachdenken nicht, sondern steht ihm zur Seite wie eine gute Fee, die es an die Hand nimmt und vor mancher Dummheit bewahrt. Logik ohne intuitive Erdung führt ebenso zu nichts wie Gefühligkeit ohne Verstand.

Implizit zum Ziel

Die Intuitionsforschung macht deutlich, dass unbewusste Entscheidungsprozesse weit mehr sind als nur »schwaches Denken«. Sie beinhalten ein umfangreiches Repertoire eigenständiger kognitiver Verarbeitungsmodi, die parallel zum bewussten Abwägen am Werk sind. Während dieses schrittweise, zergliedernd und langsam arbeitet, ist die Intuition sprunghaft, holistisch und schnell.

Erste Hinweise auf die Existenz eines solche Blitzmerkers im Kopf fanden Forscher, als sie das Verhalten von Menschen mit Hirndefekten studierten. Bei der seltenen Urbach-Wiethe-Krankheit beispielsweise verkümmern Nervenzellen des tief im Gehirn gelegenen limbischen Systems.[78] Hierzu zählen unter anderem die Amygdalae (Mandelkerne), die für die emotionale Bewertung von Umweltreizen verantwortlich sind – potentiell gefährlichen wie dem Anblick einer Schlange, aber auch weniger spektakulären wie den Produkten im Supermarktregal.

In einem Experiment ließen Forscher einen Patienten mit Urbach-Wiethe-Syndrom ein Kartenspiel spielen.[79] Der Mann zog nacheinander Spielkarten von zwei Stapeln und gewann oder verlor dabei jeweils etwas Geld. Die Gewinnchancen folgten einem verdeckten Muster, so dass bei einem der beiden Haufen zwar mehr zu holen war, aber auch höhere Verluste drohten. Unterm Strich fuhr man mit dem anderen Stapel besser. Gesunde Kontrollprobanden erkannten das ziemlich schnell – und zwar intuitiv. Nicht so der hirngeschädigte Patient. Er zog munter weiter vom riskanten Stapel.

Auf solche Beobachtungen gründete der Neurologe António Damásio seine »Theorie der somatischen Marker«.[80] Sie besagt, dass das Gehirn durch unterschwellige Assoziationen zwischen bestimmten Reizen und den zu erwartenden Konsequenzen Zusammenhänge schon erkennt, bevor sie uns bewusst werden. An körperlichen Reaktionen wie vermehrter Schweißproduktion oder geweiteten Pupillen lässt sich dieses automatische Denken im Labor nachweisen.

Wenn wir mit dem Autopiloten im Kopf so gut fahren, stellt sich die Frage: Wozu ist Bewusstsein, dieser Energiefresser, überhaupt gut? Eine mögliche Antwort: Es versetzt uns in die Lage, von höherer Warte uns selbst zu betrachten und flexibel an neue Gegebenheiten anzupassen. Durch die Untiefen des Alltags navigiert uns aber die implizite Informationsverarbeitung und Handlungssteuerung.

Die verschlungenen Pfade der Intuition lassen sich inzwischen schon ziemlich genau im Gehirn nachvollziehen. Mittels bildgebender Verfahren untersuchte zum Beispiel

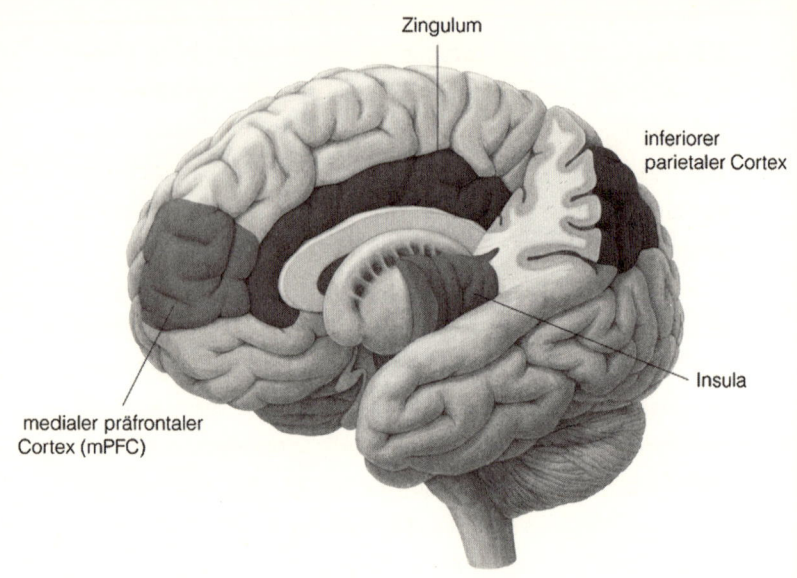

Hirngraphik 2: Am bewussten und intuitiven Abwägen beteiligte Hirnrindengebiete.

ein amerikanisch-chinesisches Forscherteam Testpersonen beim Lösen einer Aufgabe, bei der man entweder überlegt oder spontan vorgehen sollte.[81] Die Teilnehmer traten gegen einen fiktiven Mitspieler an, der nach einem bestimmten, unbekannten Muster Zahlen oder Kästchen in einem Felderschema wählte. Während die einen Probanden nur tippen sollten, welche Ziffer oder welches Feld als nächstes an die Reihe käme, wurden die anderen dazu angehalten, die zugrunde liegende Regel zu finden (etwa »Zahl plus x« oder »das Kästchen rechts davon«).

Wie zu erwarten brauchten jene, die nachdachten, länger – ihre Trefferquote verbesserte das allerdings nicht. Sie kamen nur auf einem anderen Weg zum gleichen Resultat.

Die bewusste Mustersuche ging mit vermehrter Aktivität im medialen präfrontalen Cortex des Stirnhirns sowie im inferioren parietalen Cortex im Scheitellappen einher (siehe Hirngraphik links). Intuitives Raten beanspruchte dagegen vor allem die Insula an der Innenseite der Schläfenlappen sowie das vordere Zingulum.

Beide neuronalen Netzwerke sind Hirnforschern altbekannt: Die fronto-parietale Schleife steuert unter anderem unsere Aufmerksamkeit und das Arbeitsgedächtnis, die temporo-zinguläre Schleife hingegen ist am Körperempfinden und empathischen Hineinversetzen beteiligt. Beim intuitiven Entscheiden, zumindest in diesem Szenario, werden tatsächlich weniger Fakten sondiert, als eine Ahnung davon erfühlt, was kommt.

Wenn du denkst, du denkst, dann denkst du nur, du denkst

Treten wir noch einmal einen Schritt zurück und fragen uns, was das eigentlich ist: Denken? Darauf gibt es bis heute keine allgemein anerkannte Antwort. Zwar existieren unzählige Theorien und Generationen von Forschern sowie andere kluge Menschen setzten ihren Ehrgeiz daran, die wichtigsten Denkformen zu sondieren und ihre Eigenarten auszuloten. Doch von einem Konsens kann keine Rede sein. Immerhin sind sich die meisten darüber einig, dass Denken eine produktive geistige Tätigkeit ist. Wer denkt, steht anschließend irgendwie mit mehr da als vorher! Denken ist ein schöpferischer Akt, der Assoziationen, Schlussfolgerungen oder Einfälle produziert. Dass dies bewusst und kontrolliert abliefe, ist damit noch keineswegs gesagt.

Häufig ertappen wir uns selbst in ganz unerwarteten Momenten beim Denken. Und wir werden uns meist nur über das Resultat des Denkens klar, etwa eine bestimmte Schlussfolgerung, die auf einmal vor unserem geistigen Auge erscheint. Wie wir darauf genau kamen, bleibt uns verborgen. Unsere Gedanken entspringen dem Dunkel des Unbewussten; *es denkt* in uns, stellte schon der Philosoph Friedrich Nietzsche (1844–1900) fest.[82]

Bei dem, was wir Bewusstsein nennen, ist das produktive Moment hingegen nicht so leicht auszumachen. Ich kann mir des Tisches, an dem ich gerade sitze, oder der Tatsache, dass es draußen regnet, sehr wohl bewusst sein, sie also mental präsent haben, ohne dass sich ein unmittelbarer Mehrwert daraus ergibt. Bewusstsein *ist* einfach.[83] Wir sind uns der Dinge um uns herum allerdings weit weniger bewusst, als wir glauben. Dass ich etwa die Kaffeetasse hier vor mir auf dem Tisch stehen sehe, bedeutet nicht, dass ich sie auch bewusst wahrnehme. Wenn ich mich zum Beispiel vorbeuge, um nach einem Stift zu greifen, manövriere ich meine Hand ganz automatisch darum herum. Mein senso-motorischer Apparat kalkuliert das Hindernis mit ein. Erst wenn dabei etwas schiefgeht, ändert sich das schlagartig: Sobald ich den Kaffee verschütte, werde ich mir der Tasse bewusst (nur leider zu spät).

Bewusstsein, wie wir es gemeinhin verstehen, bedeutet nicht bloß sehen, fühlen oder denken, sondern im selben Augenblick *wissen, dass* man sieht, fühlt oder denkt. Dieses Denken über das Denken bezeichnet man auch als Meta-kognition (von griechisch »meta« = jenseits, darüber hinaus, und lateinisch »cognoscere« = erkennen).

Wozu ist das alles gut? Geistiges Probehandeln hilft zu-nächst einmal ungemein dabei, Probleme zu lösen, ohne dass man sich real die Nase stoßen muss. Es lässt uns Pläne durchspielen, Zusammenhänge erkennen und Ereignisse antizipieren, unabhängig davon, was um uns herum los ist. Das war schon unseren Urahnen extrem nützlich: Wie bringt man das Mammut zur Strecke? Was führt die Nachbarsippe im Schilde? Droht der eigenen Gefahr? Denken lohnt sich. Doch was gewinnt man dadurch, dass man sich dessen auch noch *bewusst* ist?

Vergegenwärtigen Sie sich einmal, wie Sie in diesem Moment dasitzen und in ihrem Buch (oder E-Reader) lesen. Wollen Sie mit der Lektüre die Zeit totschlagen, während Sie auf den Bus oder die Bahn warten? Oder liegen Sie gemütlich zu Hause auf dem Sofa? Oder wollen Sie sich vor dem Einschlafen noch ein wenig auf andere Gedanken bringen? Wie dem auch sei, Sie waren sich dessen (da wette ich mit Ihnen!) bis eben nicht bewusst. Sie warten, entspannen oder lenken sich ab, ohne darauf zu achten oder sich selbst dabei zu beobachten. (Tut mir leid, wenn ich Sie aus dieser süßen Selbstvergessenheit gerissen habe – Sie können gleich wieder darin abtauchen.)

Die Fähigkeit zur Metakognition lässt uns im Geist einen Aussichtspunkt erklimmen, von dem aus wir uns selbst im Blick haben. Ähnlich wie Lotsen den Flughafenbetrieb vom Tower aus überblicken, spielt auch das Bewusstsein die Rolle eines Kontrolleurs. Die Flieger starten und landen nach festen Routinen und solange alles reibungslos klappt, gibt es keinen Grund einzuschreiten. Metakognition ist eine Art Notfallradar, um Gefahren zu erkennen und abzuwenden. Ihm die Leitung des ganzen Betriebs zu überlassen, würde freilich im Fiasko enden. Während wir uns in vielen Situationen, in denen es hilfreich wäre, gar nicht von außen betrachten (etwa weil wir emotional beansprucht, etwa verärgert oder traurig sind), tun wir es bei anderer Gelegenheit allzu rege – zum Beispiel bei Lampenfieber.

Wie und was wir denken, liegt oft jenseits unserer Kontrolle. Mal denken wir überhaupt nicht, obwohl wir es glauben, etwa, wenn wir uns stark auf eine Bewegung konzentrieren; dann wieder denken wir, ohne es zu bemerken – etwa beim Autofahren auf schnurgerader, menschenleerer Strecke. Wir denken häufig immer wieder das Gleiche, wandeln mental auf ausgetretenen Pfaden. Und wir denken mit besonderer Vorliebe nicht, was vernünftig ist, sondern was sich gut anfühlt, akzeptieren nur das, was uns ins Konzept passt, erfinden nachträglich Rechtfertigungen für unser Handeln und tun alles dafür, um unser Selbstbild herauszuputzen und zu schützen.

Sicher, Bewusstsein kann durchaus helfen, einen Bogen um solche Fallen zu machen. Es schafft Distanz und lässt uns manche Kurzschlüsse bemerken, bevor wir damit Schlimmeres anrichten. In Anbetracht des kindlichen Stolzes, mit dem uns die Gabe bewusst zu denken erfüllt, ist es allerdings doch erstaunlich, wie oft wir dabei auf den Holzweg geraten.

Einer der wichtigsten Ursachen dafür liegt auf der Hand: Wir sind immer beides – bewusst *und* unbewusst. Und zwischen beiden gibt es derart vielfältige Überlappungen und Wechselwirkungen, dass es schlicht unsinnig ist, dem einen gegenüber dem anderen den Vorzug geben zu wollen. Der Computerwissenschaftler David Gelernter von der Yale University in New Haven (USA) schildert das subtile Zusammenspiel von bewussten (aufmerksamen, wachen) und unbewussten (automatischen, traumwandlerischen) Anteilen der Psyche in seinem Buch *Gezeiten des Geistes* auf anschauliche Weise. So vergleicht er unser Bewusstsein zum Beispiel mit einem Operateur, der seine Instrumente aus dem

Unbewussten erhält: »Den bewussten Geist können wir uns wie einen Chirurgen vorstellen, der in einem heißen, schmalen Lichtkegel arbeitet, und in der Dunkelheit um ihn herum sind die Krankenschwestern des Gedächtnisses, die ihm jede erinnerte Tatsache reichen, bevor er danach fragt – ja sogar noch bevor er überhaupt weiß, dass er sie braucht. (...) Wenn wir begreifen, dass die alltäglichen Erinnerungsprozesse unbewusst ablaufen, fällt uns auch eher auf, dass wir sie zumeist durcheinanderbringen, wenn wir *bewusst* in sie eingreifen.«[84]

Das Unbewusste verleiht unserem bewussten Willen Durchschlagskraft, indem es ihn mit mächtigen Erinnerungen und den damit verbundenen Gefühlen und Wünschen auflädt. Umgekehrt macht uns das metakognitive Bewusstsein flexibel, weil es automatische Denk- oder Handlungsketten unterbricht, etwa wenn uns Gefahr droht. Das bedeutet freilich nicht, dass wir auf den Autopiloten im Kopf jemals verzichten könnten.

Die *Dual Process Theory* (zu deutsch etwa: Zwei-Prozesse-Theorie) ist unter Psychologen und Kognitionsforschern heute weithin anerkannt. Sie besagt: Bewusstes und Unbewusstes sind keine Konkurrenten, sondern Partner; sie ziehen letztlich am gleichen Strang. Bewusstsein steht weder, wie Sigmund Freud (1856–1939) glaubte, im Gegensatz zum Es, dessen triebhafte Kräfte sich in Traumsymbolen oder Versprechern Bahn breche und bei Verdrängung Neurosen hervorrufe, noch steuern wir unser Verhalten primär bewusst. Der Autopilot übernimmt nicht bloß dann das Kommando, wenn wir eine Tätigkeit (Zähneputzen, Autofahren, Tanzen etc.) verinnerlicht haben; er ist immer schon aktiv – und weist uns den Weg, bevor wir überhaupt anfangen, darüber nachzudenken.[85]

Aus diesem Grund sind die besten Entscheidungen meist solche, die von unbewussten Abwägungen vorbereitet werden. In einem Experiment bat der niederländische Psychologe Ap Dijksterhuis Probanden, die mutmaßlich beste Wohnung aus einer Liste von zwölf Immobilienangeboten auszuwählen.[86] Den Annoncen waren verschiedene Pros und Kontras zugeordnet. Einige Teilnehmer sollten spontan entscheiden, andere erhielten eine vierminütige Bedenkzeit, wieder andere durften zwei Minuten lang abwägen und wurden dann weitere zwei Minuten lang abgelenkt (während dieser Ablenkung vollzieht sich das unbewusste Denken). Genau diese Kombination aus Überlegung und Zerstreuung funktionierte am besten: Nun entschieden sich die Probanden in 57 Prozent der Fälle für eine lohnende Immobilie – verglichen mit 26 Prozent bei reiner Bedenkzeit und nur 18 Prozent beim Spontanentscheid.

Vor allem die Vier-Minuten-Grübler schossen sich leicht auf Details ein, die letztlich nicht weiterhalfen (»Hauptsache große Fenster!«). So verloren sie den objektiv besten Kriterien-Mix aus dem Blick: Zu viel denken konstruiert Begründungen, die niemand braucht. Auf ähnliche Weise kann der Aufwand, den viele Zeitgenossen darum treiben, aus allem stets das Optimum herauszuholen, paradoxerweise gerade das Gegenteil bewirken.

Ob wir in einer Situation die klügste Wahl treffen oder nicht, ist meist auch gar nicht so entscheidend. Selbst wenn das Ergebnis durchwachsen ausfällt, fühlt sich eine spontan gefällte Entscheidung oft besser an als eine lang durchdachte.[87] (Was vermutlich daran liegt, dass wir uns im zweiten Fall eher über die verpassten Chancen klar werden.) Außerdem sind wir Meister darin, uns selbst eine mittelmäßige Wahl nachträglich schönzureden.

Den Bumerang-Effekt des bewussten Denkens zu beachten, kann sogar Leben retten, etwa beim Gesundheitsverhalten. Anti-Tabak-Kampagnen, Alkoholaufklärung oder Appelle zu gesunder Ernährung und mehr Bewegung verpuffen, wenn das Problem (wie so oft) nicht in fehlender Einsicht liegt, sondern in zu starker Fixierung auf die – vermeintlich unüberwindbaren – Hürden. *Das Rauchen aufgeben? Schaffe ich eh nicht! Abspecken? Schön wär's.* Psychologen setzen dann eher auf Methoden der unterschwelligen Beeinflussung (auch *nudging* genannt, von englisch »to nudge« = anstubsen).[88] Statt langer Erklärungen präsentieren sie zum Beispiel Vorbilder, die einem bestimmten Verhalten oder Lebensstil ein positives Image verleihen. Kaum werden die passenden emotionalen Verknüpfungen im Kopf aufgebaut, handeln wir bevorzugt auf die gewünschte Weise – und zwar, ohne darüber nachzudenken.

Entscheiden Sie sich jetzt!

Wir fällen täglich unzählige Entscheidungen. Die meisten davon bemerken wir allerdings nicht einmal. Mit welchem Fuß ich zuerst aus dem Bett steige, was ich anziehe und frühstücke, wie und wann ich ins Büro aufbreche, ob ich meine E-Mails vorher checke, auf dem Weg oder erst am Arbeitsplatz, was ich dort in welcher Reihenfolge erledige, wo ich zu Mittag esse, ob ich nach Feierabend zum Sport, Einkaufen oder direkt nach Hause fahre und so weiter und so fort. Um all das mache ich mir kaum Gedanken. Hier und da ein kurzes Innehalten – und weiter geht's. Irgendwie eben. Meistens so wie üblich. Ich könnte auch anders, glaube ich jedenfalls, doch warum sollte ich?

Routinen sind wichtig, denn sie sparen Zeit und Energie. Nach Schema F zu verfahren, gilt in unserer von ständiger Veränderung und Optimierung besessenen Zeit zwar als unkreativ und spießig, aber im Alltag ist es lebensnotwendig. Wer seine Kräfte vergeudet, indem er alles immer wieder ausdiskutieren und neu entscheiden will, der hat ein Problem.

Dummerweise scheinen die trivialsten Fragen heute von geradezu existentieller Bedeutung zu sein. Nie zuvor machten sich so viele Menschen so viele Gedanken über ihre persönliche Lebensgestaltung: Wie ernähre ich mich richtig? Wie kann ich ökologisch nachhaltig und sozial verträglich konsumieren? Wie halte ich die Balance zwischen Arbeit und Freizeit? Worin investiere ich Mühe? Wie kommuniziere ich sinnvoll mit anderen? Wie verwirkliche ich mich selbst? Und so weiter ...

Es gibt wohl mindestens drei Gründe für diese Art der Selbstinquisition: Erstens müssen wir tatsächlich viel mehr entscheiden als noch unsere Eltern und Großeltern. Tat man einst, was die Tradition oder die Familie vorsahen (oder exakt das Gegenteil davon), so sind wir inzwischen freier in unserer Lebensgestaltung – und das heißt: auf uns allein gestellt. Was wir essen, wie wir uns kleiden und womit wir uns beschäftigen, ist nicht mehr so fest vorgegeben. Entscheidend ist die persönliche Überzeugung und Haltung. Doch die muss man erst einmal haben!

Und schon gehen die Probleme los: Wir brauchen Kriterien, und zwar möglichst die richtigen. Die gewonnenen Handlungsspielräume wollen wir nicht missen, aber sie bürden uns auch eine Menge Verantwortung auf. Wir brauchen für alles triftige Gründe und laufen ständig Gefahr, sie nicht zu haben.

Zweitens bieten sich uns schier unendliche Möglichkeiten. Ist Vegetarismus, Veganismus, Paläodiät, Makrobiotik, Säure-Basen-Ernährung, Ayurveda, Trennkost oder koscher mein Ding? Soll ich fröhlich Geld ausgeben oder fürs Alter vorsorgen? Karriere machen oder eine Familie gründen? Hipster sein, Öko, Yuppie oder lieber Normalo? Mancherorts bekommt man nicht mal mehr einen Kaffee ohne multiple Entscheidungskaskaden: Die Bohnen aus Guatemala, Brasilien oder Kenia? Mit oder ohne Koffein? Mild oder stark geröstet? Mit viel oder wenig Wasserdruck gebrüht? Vollmilch dazu, halbfette oder entrahmte – oder Soja? Unser buntes Multioptionsleben kann leicht überfordern, denn je zahlreicher die Wahlmöglichkeiten, desto größer ist auch die Gefahr, das Beste zu verpassen.

Und drittens wissen wir einfach mehr als die Menschen vor 50 oder 100 Jahren. Wobei wir eigentlich nicht mehr *wissen*, wir werden nur laufend darauf gestoßen, was man wissen *könnte* oder *sollte*. Das Internet ist der reichste Fundus an Informationen, den die Menschheit je besessen hat. Von trivialen Ereignissen irgendwo auf dem Globus bis zu den großen Fragen des Lebens – jede erdenkliche Antwort tragen wir im Smartphone mit uns herum. Alles kann allzeit gewusst werden. Aber sind wir deshalb auch informierter? Testfrage: Lösen Handystrahlen Tumoren aus? Macht Weißbrot krank? Ist Impfen wider die Natur? Hat der Kapitalismus abgewirtschaftet? Liest die NSA Ihre E-Mails? Wer blickt da noch durch!?

Je mehr Informationen in Umlauf sind, desto verunsicherter sind wir. Denn diese Informationen sind in aller Regel ja keine beglaubigten Fakten, sondern ein Cocktail aus Behauptungen, Gerüchten, Meinungen, Verdachtsmomenten, Warnhinweisen und Verleumdungen. Diese

Mixtur saugen wir begierig auf, denn kaum etwas ist heute schwerer zu ertragen als Nichtwissen. Freiheit, Auswahl, Informationen – sie sind uns lieb und teuer. Dennoch kennen wir alle auch die Ratlosigkeit angesichts von 100 verschiedenen Müslisorten und noch mehr Handytarifen.

Der US-amerikanische Psychologe Barry Schwartz unterscheidet Menschen danach, ob sie das Optimum herausholen wollen oder sich schnell zufrieden geben. Die einen nennt er Maximizer, die anderen Satisficer. Wie Schwartz' Untersuchungen zeigen, werden Maximizer eher depressiv.[89] Es scheint demnach gesünder zu sein, sich mit dem Akzeptablen zu arrangieren.

Ob wir lieber abwägen oder spontan entscheiden, ist aber auch eine Typfrage. Von dieser Idee ausgehend, entwickelte die Psychologin Cornelia Betsch den Fragebogen »Präferenz für Intuition und Deliberation« (PID). Er umfasst 19 Aussagen wie: »Bei meinen Entscheidungen spielen Gefühle eine wichtige Rolle« oder »Ich mache lieber detaillierte Pläne, als etwas dem Zufall zu überlassen«. Je nachdem, wie sehr man auf einer Skala von 1 bis 5 zustimmt oder verneint, liefert der PID ein Profil der persönlichen Vorliebe.[90] Wie die von Betsch und Kollegen durchgeführten Befragungen ergaben, bewerten Menschen das Resultat einer Entscheidung besser, wenn sie sie in Übereinstimmung mit ihrem jeweiligen Typ fällten.[91]

Der *decisional fit* beschreibt die Tendenz, eine Wahl, statt nach dem Ergebnis, nach dem Zustandekommen zu bewerten: Der Nachdenkliche kann mit durchdachten, der Spontane mit raschen Entscheidungen besser leben, unabhängig davon, wie sie unterm Strich ausfallen mögen. Ob so lala oder Volltreffer – Hauptsache, ich habe auf *meine* Art entschieden. Diesen Mut zum Eigensinn sollten wir uns bewahren.

Die Aufforderung, seinem Bauchgefühl zu folgen, kann dummerweise gerade das Grübeln fördern: Ängstlich gespannt auf die innere Stimme zu horchen, verbaut manche Einsicht eher als sie zu fördern. Der Funke der Erleuchtung braucht Luft, um ein Feuer zu entfachen. So empfiehlt sich eine Doppelstrategie: Bevor wir uns entscheiden, sollten wir eine Weile in Ruhe die Fakten sichten und gewichten (der analytische Part), dann aber tunlichst den Kopf frei machen. Währenddessen formt sich jene Einsicht, die sich als Bauchgefühl äußert.

Ein Patentrezept für gute Entscheidungen gibt es leider nicht. Ob wir spontan oder überlegt handeln, hängt nicht nur vom Charakter ab (siehe oben), sondern auch von der Art des Problems, seiner Tragweite, den verfügbaren Informationen, früheren Erfahrungen und Routinen, die wir uns zugelegt haben. Häufig beugen wir dem lästigen Entscheidenmüssen selbst effektiv vor: Wir tun das, was wir immer tun, oder folgen blind dem Beispiel anderer. Wie viel geschieht, nur weil Freunde, Kollegen oder irgendwelche Promis es vormachen! Alles immer wieder von vorne ausknobeln ist eben auch keine Lösung. Wohl dem, der dafür sorgt, dass er erst gar nichts entscheiden muss!

Meine Frau ist mir in dieser Hinsicht ein großes Vorbild. Sie macht ausgiebig Gebrauch von einem bewährten Mittel, sich das Leben zu erleichtern: von Ritualen. In ihrem Stammlokal isst sie fast immer das Gleiche: Spaghetti al pomodoro. Wenn sie einmal etwas ganz Verrücktes tut, bestellt sie eine Spinatpizza.

Ob ich das blöd fände, fragte sie mich einmal. »Nein«, sagte ich, »iss, was dir schmeckt. Aber du weißt eben nicht, was dir entgeht.«

»Stimmt«, lachte sie. »Ein Glück!«

Ein Herz für mich

Vor einiger Zeit gingen meine Frau und ich mit einem befreundeten Paar essen. Wir wählten ein libanesisches Restaurant, einen winzigen Laden, aber extrem lecker. Beim Hereinkommen steht man direkt vor einer großen Glastheke, über der die Speisetafel mit gefühlt zweihundert Gerichten hängt. Wir reckten die Hälse. Nach wenigen Sekunden sagte unser Freund: »Für mich das Lamm mit Okraschoten und ein Bier, bitte.« Auch ich fackelte nicht lange: »Einen Falafelteller und auch ein Bier.« Wir gingen nach hinten und setzten uns. Minuten vergingen, von den Frauen keine Spur. Schließlich lugten wir um die Ecke. Die beiden standen immer noch da und überlegten. Die Libanesin hinter der Theke lachte: »So sind wir Frauen. Erst überlegen wir ewig und dann schmeckt es uns doch nicht!«

Ich will keine alten Klischees aufwärmen, aber gemessen an den Zeitschriftentiteln am Kiosk scheinen Frauen deutlich mehr Beratungsbedarf in Entscheidungsfragen zu haben als Männer. Schlagzeilen wie »Folge deinem Herzen!« oder »So entscheiden Sie richtig« nehmen in Frauenmagazinen so viel Raum ein wie PS-Boliden und Muskeln in den Gazetten für den Herrn. Vermutlich sind Männer dabei gar nicht weniger ratlos – sie geben es nur nicht so gern zu. Doch was ist nur aus der sprichwörtlichen weiblichen Intuition geworden? Oder lag der irische Satiriker Oscar Wilde (1854–1900) etwa doch falsch, als er bemerkte: »Intuition ist der Instinkt, der einer Frau sagt, sie habe recht – ob es stimmt oder nicht.«

Frauen leiden, je nach Statistik, bis zu dreimal häufiger an depressiven Verstimmungen als Männer.[92] Zu dieser Quote trägt sicher auch ihre größere Bereitschaft bei, sich mit Problemen zu outen und professionelle Hilfe zu suchen.[93] Auffällig ist aber, dass sich die seelischen Schieflagen von Frauen markant von denen männlicher Patienten unterscheiden: Laut der Psychologin Susan Nolen-Hoeksema tappen Frauen öfter in die Grübelfalle, während Männer eher Antriebslosigkeit oder Versagensängste plagen. Darauf deuten auch Geschlechterunterschiede in der Hirnaktivität hin. Demnach aktivieren Männer bei Entscheidungen vor allem das rechte Stirnhirn, das auch an der emotionalen Kontrolle beteiligt ist; bei Frauen regt sich vermehrt die linke (sprachbegabte) Hemisphäre.[94] Überspitzt gesagt: Männer wollen Probleme wegdrücken, Frauen darüber reden.

Was keineswegs bedeutet, dass solche Unterschiede biologisch bedingt sind. Schließlich schlagen sich Erziehung, soziale Normen und die Lebenserfahrung ebenso im Denken und Verhalten nieder wie im Gehirn. Ob Mädchen von Natur aus mehr dazu neigen als Jungen, seelische Nöte zu besprechen und gedanklich zu wälzen, mag man bezweifeln – ziemlich sicher jedoch werden sie von klein auf stärker dazu angehalten. Gemäß dem gesellschaftlich etablierten Bild von Weiblichkeit, der nach wie vor eine umsorgende Rolle zugeschrieben wird, definieren sich Frauen vermehrt über ihre Beziehungen zu anderen, vor allem ihre Partnerschaft und das Gefühl, in Familie und Freundeskreis aufgehoben zu sein. Frauen nehmen im Schnitt auch an den Nöten anderer größeren Anteil als Männer. Hat der Partner schlechte Laune, sucht sie die Schuld dafür bei sich und wähnt die Beziehung in Gefahr.

Nolen-Hoeksema unterscheidet drei Hauptformen weiblichen Grübelns: übertreibendes, chaotisches und sich selbst verstärkendes.[95] Bei der ersten wird die Bedeutung singulärer Ereignisse, zum Beispiel einer Kritik, überbetont, im zweiten Fall werden Dinge verquickt, die nichts miteinander zu tun haben, und im dritten versteifen sich die Betroffenen auf bestimmte, vermeintlich unbezweifelbare Annahmen, unter denen sie dann leiden (etwa: Ich bin ungerecht. Ich bin nichts wert. Alle sind gegen mich). Die Forscherin wertet solche Tendenzen auch als eine Folge des niedrigeren sozialen Status von Frauen: »Die ständige Belastung, die der geringere gesellschaftliche Einfluss der Frauen mit sich bringt, scheint deren Neigung zu fördern, sich oft zu viele Gedanken zu machen.«[96]

Beim Grübeln gehen Denken und Fühlen eine unheilige Allianz ein. Meist ist eine starke Neigung zur Selbstabwertung damit verbunden. So sehr man davon überzeugt ist, den einzig rationalen Schluss aus objektiven Tatsachen zu ziehen – das Denken wird von negativen Bewertungen unterwandert. Das kann der nagende Verdacht sein, anderen zur Last zu fallen oder von ihnen getäuscht zu werden. Hier können alle möglichen fixen Ideen im Spiel sein. Sie zu bemerken und als das zu erkennen, was sie sind – fixe Ideen! –, gelingt den Betroffenen ohne Unterstützung kaum.

Doch fatalerweise wollen viele Betroffene ihr Problem mit sich allein ausmachen, durch noch mehr, noch genaueres Nachdenken. Das setzt einen Teufelskreis in Gang: Wer sich nicht aus der Misere »herausgrübelt«, sinkt im eigenen Ansehen immer mehr. So entwickelt das Grübeln einen Sog: Einmal Versager, immer Versager.

Und Sie – nehmen Sie sich persönliche Makel übel oder sehen Sie großzügig darüber hinweg? Letzteres ist jedenfalls gesünder! Können Sie vielleicht schlecht nein sagen? Fallen Sie anderen vor Ungeduld oft ins Wort? Sind Sie nachtragend? Plagen Sie Schuldgefühle? Oder wollen Sie es

allen recht machen? Mit Wohlwollen und einer Prise Selbst-
ironie auf sich zu blicken, hilft persönliche Unzulänglichkeiten (und wer hat die nicht!) zu ertragen. Statt Selbstzer-
fleischung ist Selbst*mitgefühl* gefragt.

Kritik kann ein Ansporn sein, etwas demnächst besser zu
machen. Doch laut Motivationspsychologen hilft es häufig
mehr, wenn man nicht so hart mit sich ins Gericht geht.
Das belegen etwa Untersuchungen mit Menschen, die das
Rauchen aufgeben, eine Diät machen oder mehr Sport
treiben wollen.[97] Das Klischee von der eisernen Disziplin,
die hierfür vonnöten sei, lässt es in den Augen mancher
Abnehm- oder Abstinenzwilligen noch unwahrscheinlicher
erscheinen, dass sie es überhaupt jemals schaffen werden.
Und die Furcht zu versagen produziert – Versagen!

Statt sich mit der Absicht, das eigene Verhalten umzu-
krempeln, immer wieder selbst zu konfrontieren, lege man
sich besser eine leicht zu befolgende Regel zurecht – etwa in
Wenn-dann-Form – und halte sich daran. Wenn ich gestresst bin und am liebsten eine Zigarette rauchen würde,
schnüre ich die Laufschuhe. Wenn ich im Supermarkt einkaufe, mache ich einen Bogen um das Süßigkeitenregal.
Einfach machen, nicht denken! Viele Vorhaben sind leichter in die Tat umzusetzen, wenn man nicht zu lang das Wie
und Warum wälzt.

Halten wir fest: Gut zu entscheiden oder sein Verhalten
anzupassen, gelingt nicht unbedingt besser, je mehr mentalen Aufwand wir darum treiben. Denken löst nicht immer
Probleme, sondern kann sie auch erschaffen. Dennoch
halten die meisten von uns unbeirrt daran fest, möglichst
überlegt zu handeln und jeden spontanen Impuls durch
den Bewusstseins-TÜV zu schicken. Brauche ich wirklich
ein neues Auto? Sollte ich abspecken? Wäre es nicht Zeit,

den Freund, mit dem ich mich neulich gestritten habe, anzurufen und das Kriegsbeil zu begraben? Indem wir über solche Fragen sinnieren, unterziehen wir sie selten einer ehrlichen Analyse – wir suchen vielmehr Rechtfertigungen, die uns beruhigen: Ach, die Autos heutzutage sind so sparsam und belasten die Umwelt ja kaum! So dick bist du auch wieder nicht! Und wieso soll *ich* immer klein beigeben, der andere hat doch angefangen!

Wir benutzen unser Denken gern dazu, eigene Fehler und Kurzschlüsse zu übertünchen und uns die Welt schönzufärben. Oder wir problematisieren so viel und ziehen immer neue Eventualitäten in Betracht, dass uns der Kopf schwirrt. *Richtig* denken – klar, gelassen und lösungsorientiert – das ist schwieriger, als man glaubt.

Damit will ich den Versuch, das eigene Handeln durch bewusstes Nachdenken zu verbessern, keineswegs verdammen. Doch erstens ist »richtig« denken meist ein Gemeinschaftswerk: Wir sind dafür weit mehr auf die Hilfe (Fragen, Lob, Kritik, Einschätzungen) anderer Menschen angewiesen, als wir es für möglich halten. Zweitens braucht das Denken Pausen, um neue Kräfte zu sammeln. Im Dauermodus erschöpft es sich und man greift nach dem erstbesten Strohhalm. Und drittens sollten wir unser Denken offen und flexibel halten statt geistig zu verknöchern. Ablenkung und das Ausprobieren neuer Sichtweisen sind dabei überaus hilfreich.

Dies wäre nun ein idealer Zeitpunkt, um das Buch einmal aus der Hand zu legen und eine kleine gedankliche Lockerungsübung einzustreuen! Sind Sie bereit?

Tun Sie, ohne darüber nachzudenken, einmal das Erstbeste, was Ihnen gerade einfällt. Drei, zwei, eins – jetzt!

Sie lesen ja immer noch. Ich weiß, es ist ein ungeschriebenes Gesetz, dass Leser nie das tun, was ein Autor ihnen sagt. Aber seien Sie so gut, machen Sie eine Ausnahme, mir zuliebe. Drehen Sie das Buch um, warten Sie, bis Ihnen eine Idee kommt, was Sie tun wollen – und los geht's!

Und, haben Sie sich einen Snack aus der Küche geholt? Waren Sie auf der Toilette? Haben Sie ein bisschen aus dem Fenster geschaut? Einfach tun, was man will, ohne besonderen Anlass, ist gar nicht so leicht. Wir sind es zu sehr gewohnt, im Erledigungsmodus von einem Ziel zum nächsten zu springen. Muße zuzulassen, will gelernt sein.

Zurück zum Thema: In den folgenden drei Abschnitten möchte ich noch etwas ausführlicher darauf zu sprechen kommen, warum wir dem intuitiven Urteilen ruhig mehr vertrauen sollten. Wir verfügen über ein höchst erfolgreiches Repertoire an Kurzschlüssen, die uns helfen mit uns selbst, mit anderen und mit der Welt da draußen klarzukommen.

Logik der Unvernunft

Sie glauben gar nicht, was Sie alles glauben, das überhaupt nicht sein kann. Schon ein wenig Überlegung bringt manche populäre Idee wie ein Kartenhaus zum Einsturz. Zum Beispiel: »Alles ist relativ!« Wenn dem so wäre, müsste es auch für diesen Satz selbst gelten. »Früher war's besser!« Tatsache? Oder erscheinen uns Dinge in der Erinnerung rosiger, als sie waren? Oder dieser Klassiker: »An mir lag's nicht, die anderen sind schuld!« Wer sind diese *Anderen* eigentlich? Künstliche Grenzzäune sind ein typisches Merkmal von Stereotypen.

Deren Macht ließ sich jüngst bei der Flüchtlingsdebatte beobachten. Während die einen betonten, »die Zuwanderer« seien größtenteils hoch motivierte, integrationswillige Menschen und ein Gewinn für unsere Gesellschaft, verwiesen die anderen auf tief verwurzelte Vorstellungen etwa über die Rolle der Frau sowie auf islamistisches Gedankengut. Hier weiß, da schwarz – und beide Sichtweisen kennzeichnet ein starker Hang zur Verallgemeinerung. Wie er nun ist, der Flüchtling an und für sich, darauf gibt es aber keine Antwort, denn es handelt sich um eine heterogene Masse. So haben letztlich beide Seiten recht und unrecht: Der westlich gesinnte Ingenieur aus Aleppo steht neben dem vom Gottesstaat träumenden Macho aus Algier – und mit beiden (und noch vielen anderen) muss das Einwanderungsland Deutschland zurechtkommen.

Dass »nicht alle« so oder so sind, ist kein Argument, sondern trivial. Natürlich denken nicht alle Araber patriarchal, genauso wenig wie alle Asiaten verschlossen sind oder alle Deutschen fleißig. Dennoch besitzen solche Klischees aufgrund kultureller Prägungen ein Fünkchen Wahrheit. Sie entspringen letztlich unserer Unfähigkeit, mit statistischer Vielfalt umzugehen und auf kollektive Zuschreibungen zu verzichten. Dies führt dazu, dass sich viele Diskussionen im Kreis drehen und in Scheingefechten enden.

Man kann sich auf den Standpunkt stellen, solche Kurzschlüsse seien vermeidbar, wenn man es mit dem Denken nur richtig anstellt. Dass es oft in die Falle tappt, bedeutet ja nicht, dass es so sein *muss* – man braucht nur »besser« denken. So erklärt beispielsweise der Philosoph Philipp Hübl: »Es mag sein, dass wir in der Moderne verlernt haben, auf unseren Bauch zu hören, und uns damit einer wichtigen ›Wissensquelle‹ berauben, aber es erscheint kühn, aus diesem Umstand zu folgern, dass logisches Denken nicht die Oberhand behielte. Selbst wenn wir in der *Mehrzahl* der Fälle erfolgreich mit der Intuition entscheiden, kommt in den *entscheidenden* Fällen der Vernunft mehr Gewicht zu.«[98]

Denken hilft, keine Frage! Der Fortschritt in Wissenschaft und Technik wie auch auf kultureller und gesellschaftlicher Ebene zeugt davon, dass sich alte Irrtümer durch rationale Argumente korrigieren lassen. Wir können die Qualität unserer Urteile, Überzeugungen und Entscheidungen also verbessern, indem wir genauer, und das heißt oft auch bewusster, reflektieren. Genauso wenig aber lässt sich bestreiten, dass Analyse und Überlegung in der alltäglichen Lebensgestaltung nicht unbedingt erste Wahl sind. Denkfallen liegen nicht umsonst in unserer Natur, wir sind gewissermaßen auf sie angewiesen. Wir brauchen einfache Faustregeln, weil sie uns schnell und sicher zu agieren helfen. Ohne sie wären wir wie gelähmt!

Auch jene Rationalisierungsstrategen, die uns zur Steigerung der persönlichen Glücksbilanz anleiten wollen, übersehen, dass Logik nicht alles ist im Leben. Beispiel: Macht Kuchen dick? Die Christl gönnt sich jede Woche ihre Sachertorte beim Konditor und ist trotzdem rank und schlank. Ist rauchen wirklich so gefährlich? Onkel Klaus paffte noch dicke Zigarren, bis er 94 war! Und wie alt wurde Helmut Schmidt noch mal? Solche Einzelfälle kommen uns schnell in den Sinn. Was mental leicht verfügbar ist, dominiert unsere Einschätzungen (daher auch »Verfügbarkeitsbias« genannt). Doch die Christl, Onkel Klaus und Helmut Schmidt beweisen natürlich nichts. Es ist unsinnig, sie als Belege gegen eine statistische Regel ins Feld zu führen – schließlich gibt es immer Ausnahmen. Dennoch erliegen wir dem Reiz des Konkreten: Ein bestimmter Mensch macht mehr Eindruck als jeder abstrakte Prozentsatz.

Das ist auch nicht immer schlecht. Fragt man Passanten auf der Straße, welche Börsenunternehmen sie kennen, so fallen sicherlich bekannte Namen wie Daimler, VW, BASF. Verteilt man ein Investmentportfolio auf diese jedermann geläufigen Firmen, so hat man gute Chancen, binnen eines Jahres mehr Ertrag zu machen als viele professionelle Aktienfonds. Bei komplexen Fragen auf das Vertraute zu setzen, ist eine gute Idee.

Der israelisch-amerikanische Psychologe Daniel Kahneman (*1934) von der Princeton University hat jene *heuristics and biases* (Faustregeln und Verzerrungen), die das Alltagsdenken beherrschen, intensiv erforscht und wurde dafür 2002 mit dem Nobelpreis für Wirtschaftswissenschaften ausgezeichnet. Gemeinsam mit seinem langjährigen Weggefährten Amos Tversky (1937–1996) postulierte Kahneman zwei grundlegend verschiedene Arten der kognitiven Verarbeitung, die er System 1 und System 2 nannte.[99] System 1 funktioniert schnell und bewusst; es produziert mühelose, intuitive Urteile. System 2 dagegen arbeitet langsam und willentlich – und das macht es so anstrengend. »Obwohl System 2 von sich selbst glaubt, im Zentrum des Geschehens zu stehen, ist das unwillkürliche System 1 der eigentliche Held«, erklärt Kahneman.[100] Der Erfolg von System 1 beruhe auf Voreinstellungen, die sich unser kognitiver Apparat im Laufe der Evolution zugelegt habe.[101]

In der psychologischen Forschung der letzten Jahrzehnte wurden weit über 100 solcher Phänomene beschrieben. Sie füllen viele Regalmeter Fachliteratur. Ich will hier nur vier davon herausgreifen, die für unser Alltagsleben besonders bedeutsam sind: der Verknüpfungsfehler, die Verlustaversion, der Einrahmungseffekt sowie die Fokussierungsillusion.

Ruft ein Freund ausgerechnet in dem Moment an, wenn ich an ihn denke, merke ich es mir. Dass er auch schon oft anrief, ohne dass ich an ihn dachte, und dass ich an ihn dachte, ohne dass ... – egal! Das fällt nicht weiter ins Gewicht. Wir neigen sehr dazu, alles, was gleichzeitig geschieht, kausal miteinander zu verknüpfen. Stellen Sie sich vor, Sie hätten an dem Tag, als Sie Ihre große Liebe trafen, dieselben roten Socken getragen wie beim bestandenen Examen. Bestimmt würden Sie die Socken nie wieder hergeben wollen.

Der britische Psychologe Richard Wiseman erklärt: »Wir haben die bemerkenswerte Fähigkeit, unsere Aufmerksamkeit auf gemeinsam auftretende Ereignisse zu lenken.«[102] Ein möglicher Nebeneffekt: Hyperkausalitis. Denken erfindet Zusammenhänge, ohne Rücksicht auf Verluste, und schüttelt dabei einen Trumpf aus dem Ärmel: Ursache-Wirkungsbeziehungen. Sie füllen das Sinnvakuum, das der Zufall in uns hinterlässt.

Etwas, das wir meist besonders schlecht vertragen, sind

Verluste. Marketingstrategen machen sich das zunutze: Sie verteilen zum Beispiel großzügig Gutscheine, die beim nächsten Kauf einzulösen sind. Wir könnten den geschenkten Rabatt zwar verfallen lassen, aber es wäre doch schade! So geben wir am Ende mehr aus als wir ohne den Gutschein getan hätten. Die Verlustaversion lässt uns auch verpasste Chancen meist stärker bereuen als ein aktives vergebliches Bemühen.

Ein weiterer, verbreiteter Effekt ist das sogenannte Framing, zu deutsch: Einrahmung. Unter lauter jungen Leuten kommt man sich schnell alt vor, unter schönen hässlich und unter sportlichen wie ein Klops. Obwohl man, objektiv betrachtet, nichts dergleichen ist! Aber was ist schon »objektiv«? Erzählt mir ein Freund, er habe sich ein Paar handgenähte Lederschuhe für 300 Euro gekauft, erscheinen mir meine 100-Euro-Treter plötzlich schäbig.

Es gibt auch subtilere Beispiele: Angenommen, Sie haben Durst und der einzige Kiosk weit und breit hat nur zwei Softdrinks im Angebot. Beide sehen gleich lecker aus und kosten gleich viel, auf der einen Flasche steht »Nur 5 Prozent Zuckergehalt!«, auf der anderen »95 Prozent zuckerfrei!«. Keine Frage, zu welcher Sie greifen! Die Information ist dieselbe, doch die Formulierung macht den Unterschied. Gut möglich, dass Ihnen sogar »90 Prozent zuckerfrei« noch attraktiver erschiene, weil es es einfach nach weniger bösem Zucker klingt, obwohl es doppelt so viel davon enthält wie der Fünf-Prozent-Drink. All die Beschönigungen und Euphemismen, die unsere Sprache beherrschen, sind ein Produkt des Framing.

Unsere Urteile und Entscheidungen variieren stark, je nachdem wie die dafür in Betracht gezogenen Informationen präsentiert werden. Kritisch wird das auf einem Feld, mit dem die meisten von uns eher wenig Erfahrung haben: im Umgang mit Zahlen und Statistiken. Der Psychologe Gerd Gigerenzer vom Berliner Max-Planck-Institut für Bildungsforschung belegte, wie schnell unsere mathematische Intuition überfordert ist. Machen Sie die Probe: Ein Tischtennis-Set, bestehend aus Schläger und Ball, kostet 10,50 Euro, wobei der Schläger zehn Euro teurer ist als der Ball. Was kostet der Ball? Fast jeder tippt als Erstes auf 50 Cent. Dann wäre der Schläger aber nur 9,50 Euro teurer! Richtig ist also: 25 Cent. Ähnliche Fehler unterlaufen uns, wenn wir Krankheitsrisiken, die Sicherheit von Verkehrsmitteln oder den Nutzen eines Krebsscreenings abschätzen wollen.

Als einen Spezialfall des Framing. lässt sich das Prinzip der Dissonanzreduktion auffassen. Es besagt, dass es unser Selbstbild bedroht, wenn man uns damit konfrontiert, wir würden nicht gemäß unseren Überzeugungen handeln. Diese Diskrepanz nehmen wir aber kaum zum Anlass, unser Handeln zu korrigieren; eher passen wir unser Denken an. So kann es Raucher in ihrem Laster *bestärken*, wenn man ihnen schockierende Bilder auf Zigarettenschachteln zeigt. Die Dissonanz zwischen »ich rauche gern« und »ich will nicht sterben« sorgt dafür, dass der Betreffende die Gefahren des Rauchens kurzerhand herunterspielt.

Ein Team um die Psychologin Sarah Bebermeier führte Rauchern abschreckende Etiketten vor, die entweder nur Text enthielten (»Rauchen kann tödlich sein«) oder außerdem noch einen Sterbenden oder Krebsgeschwüre zeigten.[103] Die Kombination aus Text und Bild wurde als deutlich negativer beurteilt. Die damit konfrontierten Raucher allerdings waren ihrer Sucht gegenüber anschließend sogar *positiver* eingestellt als jene, die nur die Slogans gelesen hatten.

Ähnlich paradox verhält es sich mit der verbreiteten Impfskepsis: Brendan Nyhan vom Dartmouth College und sein Kollege Jason Reifler befragten 1000 US-Bürger.[104] Rund jeder Vierte hielt es für plausibel, dass eine Grippeimpfung Grippe auslösen kann. (Medizinisch ist das Unsinn, da keine Erreger, sondern Antikörper verabreicht werden). Wie nicht anders zu erwarten, wollte sich kaum einer der Impf-skeptiker selbst impfen lassen. Dann wurden die Teilnehmer über die wahre Natur der Schutzimpfung sowie über die Gefahren der Grippe aufgeklärt und erneut befragt. Siehe da: Impfen lassen wollten sich jetzt noch weniger Teilnehmer! Nach dem Motto »Jetzt erst recht« waren die Vorbehalte sogar gewachsen.

Last not least: Was auch immer uns aktuell beschäftigt, wir messen dem mehr Bedeutung bei, als es hat. Das bezeichnet man als die Fokussierungsillusion. In einem Experiment des Psychologen Nobert Schwarz sollten Probanden einen Fragebogen zu ihrer Lebenszufriedenheit ausfüllen. Die Hälfte der Teilnehmer wurde zuvor zum Kopierer geschickt, um ein Formular zu vervielfältigen. An dem Gerät hatten die Forscher eine Zehn-Cent-Münze deponiert. Siehe da: In der anschließenden Befragung strotzten die Finder vor Lebenszufriedenheit. Was zehn Cent nicht alles bewirken können!

Umgekehrt beurteilen wir das Los von Querschnittsgelähmten oder Patienten im Wachkoma viel düsterer als die Betroffenen selbst – tatsächlich zeigen diese ein recht durchschnittliches Glücksniveau, wie empirische Studien belegen.[105] Ihre, von außen betrachtet, schreckliche Lage erscheint den meisten Betroffenen selbst gar nicht so schlimm.

Ähnlich schwer tun wir uns damit, unsere eigene künftige Stimmungslage vorherzusehen: Mehr Geld, ein teures Auto oder ein schickes Haus verlieren rascher an Reiz, als wir uns vorstellen können. Das ist Teil der Fokussierungs-illusion, die Daniel Kahneman auf eine griffige Formel brachte: »Nichts im Leben ist so wichtig, wie man glaubt, wenn man darüber nachdenkt.«[106]

Solche verblüffenden Phänomene zeigen: Beim Entscheiden und Urteilen verstoßen Menschen regelmäßig gegen die Regeln der Logik und der Wahrscheinlichkeit. Aber was folgt daraus? Zeugt die Tatsache, dass wir solche Verzerrungen erkennen und darüber reflektieren können, nicht schon von unserer Fähigkeit, uns Kraft des Verstandes am eigenen Schopf aus dem Schlamassel zu ziehen? Können wir die Fallgruben des Denkens nicht durch bewusste Aufmerksamkeit umgehen?

Hierauf gibt es traditionell zwei verschiedene Antworten: Rationalisten raten, das Denken zu schulen, um eben nicht heuristisch, sondern klug kalkulierend zu urteilen. Geht es etwa um die Heilungschancen einer medizinischen Behandlung oder den Sinn von Vorsorge-Checkups, mögen wir kaum auf rationale Abwägung verzichten. Pragmatiker aber erklären gleichzeitig, wenn man mit einer Heuristik gut fahre, gebe es keinen Grund, ihr nicht zu folgen. Zumal es nicht lohne, aus dem Kleinklein das Alltags eine Wissenschaft zu machen.

In unserer Zeit des Bewusstseinsfimmels tut es gut, sich manchmal daran zu erinnern, dass Menschen keine Maschinen sind. Daran scheitert übrigens meist auch jener Traum von der streng rationalen Selbstoptimierung, den Coachingansätze wie das »Neurolinguistische Programmieren« (NLP) bis heute propagieren. Schon der amerikanische Aufklärer Benjamin Franklin (1706–1790) oder der deutsche Psychotechniker Gustav Großmann (1893–1973) setzten auf technokratisches Listenführen, Zieledefinitionen und

Ist-Soll-Analysen, die aus dem Ingenieurswesen entliehen sind. Erstaunlicherweise sind es fast nur Männer, die solche Rationalisierungsprogramme fürs Ich aufsetzen.

Eine Fülle von Beispielen offenbart, dass uns im Alltag eine ziemlich schräge, aber wirkungsvolle Psychologik regiert. Sie ist weder besser noch schlechter als der analytische Verstand, nur anders. Und diese Andersartigkeit macht das schnelle Denken in Heuristiken je nach Fall mal mehr und mal weniger hilfreich. Es rundheraus zu verwerfen und die pure Vernunft zu predigen, hilft allerdings auch nicht viel weiter.

Wenn man uns auf Kurzschlüsse wie die geschilderten hinweist, denken wir meist: Ach, wie dumm! Doch diese Dummheit entpuppt sich am Ende womöglich als Schläue. Es gibt solche kognitiven Täuschungen ja letztlich nur deshalb, weil sie sich bewährt haben. Solche Denkfallen anderen zu überlassen, wird erstens kaum gelingen, und machte uns zweitens auch nicht glücklicher. Jedes Urteil und jede Entscheidung vor dem Tribunal des Bewusstseins auf Hieb- und Stichfestigkeit zu prüfen, bringt uns vielmehr (sorry, liebe Selbstverbesserer) in Teufels Küche.

Kopf + Bauch = prima Ratio

Die Stärke der bewussten Abwägung liegt in ihrer Präzision, die der impliziten in ihrer Kapazität. Unbewusst erfassen wir potentiell viel mehr als der fokussierten Aufmerksamkeit zugänglich ist. Das demonstrierte zum Beispiel Tilmann Betsch von der Universität Erfurt zusammen mit Kollegen.[107] Die Forscher baten Testpersonen, sich eine Reihe von Werbefilmen anzuschauen, um später Fragen dazu zu beantworten. In einer Art Börsenticker am unteren Bildrand liefen gleichzeitig die fiktiven Kurse von bis zu acht Phantasieunternehmen. Da es angeblich darum ging, den Werbeeffekt bei Ablenkung zu überprüfen, sollten die Probanden den Ticker laut vorlesen. Im Verlauf der bis zu zehnminütigen Filme kamen so bis zu 140 Werte zusammen – zu viele, um den Überblick zu behalten. Entsprechend konnte niemand die Schlussstände der Aktien nennen. Bat man die Teilnehmer aber zu raten, welche Papiere wie abgeschnitten hatten, entsprachen die Tipps verblüffend exakt den Gesamtzuwächsen. Die Kandidaten hatten mehr aufgeschnappt, als sie selbst ahnten.

Wie schnell das absichtsvolle Abwägen an Grenzen stößt, zeigten Forscher, indem sie Probanden Auswahlszenarien verschiedener Komplexität vorlegten. In einer viel zitierten Studie lotsten die Psychologen Sheena Iyengar und Marc Lepper Kunden in einem Supermarkt an einen Probierstand mit Konfitüren.[108] Hier standen einmal nur sechs Sorten zur Wahl, einmal stolze 24. Das kleinere Angebot wirkte zunächst weniger einladend, nur 40 Prozent der Angesprochenen ließen sich überhaupt zum Testen überreden – im Gegensatz zu 60 Prozent beim reichen Sortiment. Allerdings fiel es den Kunden bei diesem viel schwerer, einen Favoriten zu küren: Am Ende kauften nur drei von 100 ein Glas Marmelade. Bei der kleinen Palette lag die Kaufquote bei 30 Prozent! Bieten sich uns zu viele Optionen, entscheiden wir im Zweifel gar nicht oder widerwillig. Das besagt der *Too-much-choice*-Effekt.

Ob uns ein üppiges Angebot überfordert oder nicht, hängt stark von weiteren Faktoren ab. Ist das Ganze übersichtlich strukturiert, vermittelt es den Eindruck von Vollständigkeit, und sind die Informationen, die man benötigt, leicht verfügbar (alles Kriterien, die beim Kosten von zwei Dutzend Marmeladen kaum erfüllt sind), so kommen wir auch mit vielen Optionen ganz gut zurecht.[109] Hier erweist es sich als ein weiterer Vorteil des unbewussten Denkens, dass es ohne Sprache auskommt. Denn auf dem Weg von der Wahrnehmung zu den Wörtern geht manchmal die entscheidende Nuance verloren.

In einer klassischen Untersuchung zum »sprachlichen Überschatten« (*verbal overshadowing*)[110] zeigten Timothy Wilson und Jonathan Schooler, dass das Ausformulieren von Gründen unsere Urteilskraft schwächen kann.[111] In einem ihrer Experimente ging es ebenfalls um Marmelade: Probanden sollten beurteilen, welche von fünf Sorten sie für die beste hielten. Schälchen mit Kostproben wurden vor den Teilnehmern aufgereiht, auf dass sie nach Belieben davon probierten. Einzige Variation im Versuchsablauf: Die Hälfte der Probanden sollte einfach machen, die anderen ihre Eindrücke schildern, bevor sie sich entschieden. Die Güte der Wahl bemaß man danach, wie gut sie mit der Bestenliste der Zeitschrift »Consumer Reports« (eine Art amerikanische Stiftung Warentest) übereinstimmte. Wie sich zeigte, lagen diejenigen, die ihr Urteil begründeten, weiter vom Verdikt der Profis entfernt als die stummen Genießer. Wer räsoniert, verkennt vor lauter guten Gründen (zu süß, zu fad, zu klebrig, zu intensiv …) leicht die wahre Qualität. Wir wissen eben häufig, *was* uns gefällt, ohne zu wissen, *warum*.

In einer Folgestudie zwei Jahre später nahm Schooler gemeinsam mit anderen Kollegen nicht Geschmacksurteile, sondern Aha-Erlebnisse ins Visier. Die Teilnehmer tüftelten je vier Minuten lang an Logikaufgaben, ehe sie ihre Strategien knapp skizzieren sollten. Die Kontrollgruppe bekam unterdessen ein paar Kreuzworträtsel zu lösen. Anschließend hatten alle Probanden erneut vier Minuten Zeit, um die Nuss zu knacken.

Wieder schnitten jene, die erklären sollten, welches Kalkül sie verfolgten, unterm Strich schlechter ab. Während stille Tüftler in fast der Hälfte der Fälle (45,8 Prozent) reüssierten, war es bei den Erklärern nur gut ein Drittel (35,6 Prozent). Das passt zu der Beobachtung, dass Menschen kurz vor der Lösung eines kniffligen Problems oft verstummen. Wenn sich der Nebel zu lichten beginnt und wir allmählich klarer sehen, scheint das Reden fehl am Platz.

Besonders fix urteilen wir häufig im Zwischenmenschlichen. Laut Sozialpsychologen genügen uns hier schon zwei grobe Maße, nach denen wir andere einordnen – Gemeinsinn und Kompetenz.[112] Die erste Dimension beantwortet die Frage: Ist mir mein Gegenüber wohlgesinnt oder muss ich vor ihm auf der Hut sein? Die zweite gilt der Durchsetzungskraft des Betreffenden. Über Kumpel- und Macherqualitäten entscheiden wir blitzschnell. Dieses sogenannte *thin slicing* (wörtlich: in Scheibchen schneiden) kommt im sozialen Miteinander oft zum Einsatz, weil wir gar nicht die Zeit haben, uns ein differenziertes Bild unserer Nächsten zu machen – und das ist auch gut so: In einer Überblicksarbeit kam Nalini Ambady zu dem Schluss, dass Nachdenken unser Urteil über andere oft schwächt.

Die Psychologin präsentierte Probanden zehnsekündige Videos ohne Ton, in denen Unidozenten bei der Arbeit zu sehen waren. Die Teilnehmer sollten benoten, für wie geeignet sie denjenigen oder diejenige für den Job hielten. Anschließend glich Ambady diese Werte mit den Angaben der Studenten ab, die von den Dozenten unterrichtet wurden. Wer zwischen dem Video und der Beurteilung eine Minute lang überlegte, lag von dieser Benchmark im Schnitt weiter entfernt als Spontanentscheider. Selbst Probanden, die während der Vorführung in Neuner-Schritten von 1000 rückwärts zählen mussten, stimmten besser mit den Studentenratings überein! Ähnliche Resultate lieferten mehr als 100 Studien zum sozialen Urteilen: Ob wir anderen zuhören oder nur ihre Körpersprache beobachten, der erste Eindruck ist oft besser als ein wohlerwogenes Urteil. Das gilt auch, wenn es darum geht, Lügner zu entlarven.[113] Offenbar, so Ambady, haben wir aus der Not eine Tugend gemacht: Die Umstände zwangen uns von jeher, andere spontan einzuschätzen. Entsprechend haben wir einen sicheren Blick für subtile Signale entwickelt.

Das flexible Ich

Anders als beim schrittweisen Schlussfolgern ergeben sich intuitive Urteile unmittelbar. Sie kommen über uns, oft wenn wir gerade nicht damit rechnen. Dennoch scheint es nicht so einfach zu sein, auf sein Bauchgefühl zu hören. Denn was in unserem Inneren vor sich geht, bleibt nicht bloß anderen verborgen, auch wir selbst haben nur beschränkten Einblick darin. Unsere mentale Innenschau oder Introspektion ist lückenhaft und unzuverlässig.

Als Wilhelm Wundt (1832–1920), der Pionier der Seelenkunde in Deutschland, im Jahr 1879 sein psychologisches Labor an der Universität Leipzig gründete, war der Glaube an die Macht der Selbsterkundung noch unerschüttert. Wundt war von Haus aus Philosoph und wollte den menschlichen Geist vermessen. Mittels Introspektion wollte er das subjektive Erleben systematisch in seine Elemente zerlegen. Gut 50 Jahre später schlug das Pendel in die Gegenrichtung aus. Gemäß dem Behaviorismus, der die Psychologie etwa ab den 1930er-Jahren dominierte, haben Begriffe wie Empfindung, Wille oder Bewusstsein in der Wissenschaft nichts zu suchen. Nach Auffassung von John B. Watson (1878–1958), einem geistigen Vater dieser Lehre, halten nur beobachtbares Verhalten und daraus abgeleitete Reiz-Reaktions-Schemata dem Anspruch auf Objektivität stand. Ab den 1960er-Jahren wurde die Introspektion in der Psychologie zwar allmählich wieder rehabilitiert, jedoch unter neuen Vorzeichen: Sie gilt seither als durchaus erforschbarer, aber wechselhafter Akt der Selbstkonstruktion, welcher typischen Verzerrungen unterliegt.

Das Priming-Paradigma stieg in jener Zeit zur bevorzugten Experimentiermethode auf. Hier wird mittels subtiler Reize – zum Beispiel kurz aufblitzender Bilder oder beiläufig eingestreuter Wörter – das Denken und Verhalten von Probanden beeinflusst. Die Betroffenen bekommen dabei weder von den Reizen noch von deren Wirkung etwas mit. Ein klassisches Beispiel lieferte der Psychologe Daryl Bem von der Cornell University im Jahr 1970.[114] Er wollte von Studierenden wissen, ob sie ein Mitspracherecht beim universitären Lehrangebot befürworteten (damals war das noch revolutionär). Erwartungsgemäß waren die meisten Befragten von dieser Idee angetan: Auf einer 60-Punkte-Skala attestierten sie der Mitsprache eine Wichtigkeit von im Schnitt 38 Punkten. Dann sollten sie ein kurzes Plädoyer *entgegen* ihrer persönlichen Meinung verfassen. Allerdings wurden nicht alle Probanden direkt dazu aufgefordert. Einen Teil bezirzten die Versuchsleiter nur durch den Hinweis, es seien schon viele Aufsätze *pro* Mitsprache eingegangen, doch auch die Gegenargumente sollten in der Erhebung Gehör finden. Wie sich zeigte, blieben Teilnehmer, die auftragsgemäß wider ihre eigene Überzeugung argumentierten, ihrer Meinung eher treu –jene hingegen, die aus reiner Freundlichkeit die Perspektive gewechselt hatten, änderten ihre Ansicht deutlich. Allerdings gaben sie anschließend zu Protokoll, sie hätten der Mitsprache von vorneherein skeptisch gegenübergestanden.

Auf der Suche nach Gründen für unsere Urteile blenden wir äußere Einflüsse aus. Was wir für richtig oder falsch halten, soll auf *unserem* Mist gewachsen sein und nicht von externen Einflüsterungen oder Zufällen abhängen. So verschließen wir meist die Augen davor, dass wir anderen nach dem Mund reden, uns fremde Meinungen zu eigen machen oder von Nebensächlichem leiten lassen. Die eigenen Überzeugungen mögen uns fest erscheinen, tatsächlich schwanken sie je nach Kontext aber beträchtlich. Wir passen sie der Situation und den Menschen, die uns gerade umgeben, blitzschnell an – und schwören zugleich Stein und Bein, wir hätten es schon immer so gesehen.

Dass sich das Ich als höchst anschmiegsam erweist, ist vielfach belegt. Der Sozialpsychologe Thomas Mussweiler wollte etwa vor Jahren wissen, woran Menschen festmachen, wie sportlich sie sind. Blendete er subliminal – so kurz, dass man es nicht bewusst wahrnimmt – die Namen bekannter Athleten (»Boris Becker«) auf einem Bildschirm ein, sank die subjektiv empfundene Fitness der Probanden. Offenbar aktivieren wir bei solchen Fragen ad hoc einen Maßstab – einen Freund oder Verwandten etwa oder eben den eingeschleusten Profi. Im Vergleich zu der Sportskanone ist man selbst doch nicht so fit.

Dass unser Selbstbild so stabil erscheint, obwohl es recht wechselhaft ist, hält Jonathan Schooler von der University of California in Santa Barbara für das große Paradox der Introspektion. Selbst das Wissen um die Schwächen der Innenschau ändert nichts daran. Wir wissen ja auch, dass die Mondscheibe immer gleich groß ist, auch wenn sie am Horizont riesig erscheint. Zu einem gewissen Grad ist unsere geistige Innenschau allerdings trainierbar. So lässt sich die Fähigkeit, das eigene Denken in den Blick zu nehmen, durch Achtsamkeitsmeditation verbessern (siehe Kapitel 2).[115] Sie regt den ventromedialen präfrontalen Cortex (vmPFC) im Stirnhirn zu vermehrter Aktivität an und lässt ihn sogar wachsen. Dieses Areal enthält viele, gut vernetzte Neuronen bei Menschen, die ihr Abschneiden bei Denkaufgaben sicher einschätzen können.[116]

Die Schlüsse, die wir über uns selbst ziehen, unterliegen häufig einem Bias (englisch für Voreinstellung). Um meine Bedürfnisse und Potentiale zu ergründen, genügt Reflexion nicht. Ich kann nicht gedanklich klären, wer ich bin oder sein kann; ich muss es erfahren. Andere sind dabei eine große Hilfe. Sie eröffnen uns Sichtweisen, die wir ohne sie nie gewinnen könnten. Um es mit Johann Wolfgang von Goethe zu sagen: »Der Mensch erkennt sich nur im Menschen, nur das Leben lehrt jeden, wer er ist.«[117]

Lebensglück nur als eine Frage des richtigen Denkens zu betrachten, greift zu kurz. Denken und Fühlen, Ratio und Intuition, Bewusstsein und Unbewusstes – diese Begriffe beschreiben nur Endpunkte von Prozessen, die permanent ineinandergreifen; das meiste spielt sich im Niemandsland dazwischen ab. Intuition ist nicht per se gut oder schlecht – sie kann großartige Ideen hervorbringen wie auch zu schlimmen Fehlern verleiten. Und sie erspart uns nicht herauszufinden, was wir wirklich wollen.

Intermezzo: Der Musiker

Christian blickt abwesend in das gleißende Scheinwerferlicht. Auf seiner Stirn stehen Schweißperlen, sein Oberkörper wippt, der Mund ist leicht verzogen, so wie man es oft bei Leuten sieht, die diffizile Bewegungen ausführen. Wie Christian gerade. Nicht viele Menschen bekommen das so hin wie er. Christian ist Musiker. Jazz-Schlagzeuger, um genau zu sein.

Ich treffe ihn vor einem Konzert in Tübingen, wo er mit Markus Stockhausen, dem Sohn des bekannten Komponisten, und zwei anderen Musikern im Rahmen eines Festivals auftritt. Das Quartett spielt intelligenten, aber auch für Laien zugänglichen Jazz. »Was geht in dir vor, wenn du spielst?«, will ich wissen. Christian überlegt eine Weile. »Ich glaube, ich spüre in erster Linie der momentanen Stimmung der Musik nach und vertiefe mich ins Hören. Es gibt Schlagzeuger, denen kommt es vor allem auf Virtuosität an. Die überlassen nichts dem Zufall. Das ist nicht mein Stil. Ich spiele immer ein bisschen anders, mal besser, mal schlechter. Für mich geht es nicht darum, dass jeder Schlag sitzt, sondern dass wir auf der Bühne ins Gespräch kommen.«

Christians Bewegungen sind dennoch hoch automatisiert. Er übt täglich zwei bis drei Stunden, da muss er an Rhythmuswechsel und Synkopen keinen Gedanken mehr verschwenden. Das läuft intuitiv. »Mit dem Stockhausen-Quartett üben wir selten. Wir improvisieren lieber. Das Repertoire, das wir einstudiert haben, ist der Grundstock, auf dem wir immer wieder neu aufbauen. So wird es nie langweilig, weder uns noch dem Publikum.«

Beim Spielen, sagt Christian, kommt es ihm manchmal so vor, als tue er selbst gar nichts dazu. Alles passiert wie von allein, Rhythmen und Klänge strömen in den Raum, ohne dass man es aktiv forcieren müsste. »So fühlt es sich jedenfalls an«, sagt er.

Christian konzentriert sich beim Spielen weder auf sich noch auf die Sticks oder das Schlagzeug, sondern auf den Klangteppich, den das Quartett webt. Von Moment zu Moment passt er sein Spiel daran an. »Wenn Angelo am Klavier plötzlich aufdreht oder Jörg, der Cellist, einen melodischen Schlenker einbaut, reagiere ich darauf. Ich werde lauter oder nehme mich zurück.« Was zähle, sei das musikalische Gesamtwerk, nicht die einzelnen Beiträge dazu. »Im Grunde ist so ein Konzert ein Gespräch auf einer Bühne, nur dass wir statt Wörtern Klänge verwenden.«

Und so wie in einem Gespräch, trägt einen das Spiel davon. *Wie kamen wir darauf?* fragt man sich oft, wenn eine Diskussion zu einer verwegenen Idee führt. Ganz ähnlich geht es Christian und seinen Musikerkollegen: »Du weißt nie, wo du landest. Das ist die Gefahr, aber auch das Wunderbare am Musikmachen. Jedenfalls wie wir es verstehen.«

4. Kapitel
DEFAULT-MODE oder Wann Ihr Gehirn auf Leerlauf schaltet

Diese Geschichte beginnt 1884 an der medizinischen Fakultät der Universität in Turin. Genauer gesagt, im Labor eines gewissen Angelo Mosso (1846–1910), seit 1879 Professor für Physiologie in der piemontesischen Hauptstadt. Anders als in den Hightech-Labors unserer Tage dampft und zischt und knirscht es hier in allen Ecken, der Forscher höchstpersönlich konstruiert abenteuerliche Apparaturen – jede ein Unikat. Als Sohn eines Schreiners und einer Schneiderin aus der Kleinstadt Chieti verfügt Mosso, der Emporkömmling aus kleinen Verhältnissen, über viel handwerkliches Geschick. Er erforscht den Blutkreislauf, insbesondere die Frage, wie es der Körper schafft, den Lebenssaft sekundenschnell dort zu sammeln, wo er an nötigsten gebraucht wird – beim Laufen in den Beinen, beim Heben in Rumpf und Armen und beim Denken im Kopf.

Mosso treibt die Idee um, die Blutversorgung bis in die letzten Winkel des Organismus nachzuverfolgen. Das Problem: Im Körper herrscht ständig Hochbetrieb. Atmung, Verdauung und Herzschlag erzeugen eine Kakophonie, in der das lokale An- und Abschwellen des Blutstroms kaum nachzuvollziehen ist. Nach Jahren des Tüftelns gelingt Mosso schließlich das Unmögliche: Er baut ein Gerät, mit dem er das Gewicht der Gedanken misst.

Das Grundprinzip ist verblüffend einfach. Der Proband liegt ausgestreckt auf einem Holzbrett, das an beiden Enden gekippt werden kann. Zunächst pendelt Mosso diese fein austarierte Balkenwaage exakt mittig ein, wobei er Schwankungen aufgrund des Atems und des Herzschlags über einen hochsensiblen Mechanismus ausgleicht.[118] Nun strengt der reglos daliegende Proband sein Hirn an, zum Beispiel beim Kopfrechnen. Und schon neigt sich die Waage, die die Blutverteilung im Körper bis auf wenige Gramm genau registriert, zum Kopfende!

Mossos »Seelenwaage« war ein früher Vorläufer jener Techniken, die in der Hirnforschung heute gang und gäbe sind: Bildgebende Verfahren registrieren etwa per magnetischer Anregung der Wasserstoffkerne die Durchblutung des Nervengewebes millimetergenau. Das erlaubt Rückschlüsse auf die neuronale Aktivität und damit wiederum auf die geistige Tätigkeit des Probanden. Als Signal dient hierbei freilich nicht mehr die Masse des Blutes, das sich im Körper bewegt, sondern das Echo elektromagnetischer Impulse, das die Wasserstoffkerne im Blut reflektieren.

Fast ein Jahrhundert nach Mossos Erfindung wertete der schwedische Neurologe David Ingvar (1924–2000) solche Aufnahmen des Blutflusses im Gehirn von Menschen aus, die gerade nichts taten. Sie lagen nur da, ohne jede Beschäftigung. Was man damals schon wusste: Der Stoffwechsel des Denkorgans schwankt je nach Beanspruchung. Brüten wir etwa über einem Logikrätsel oder über einer anderen Testaufgabe, schwillt der Blutstrom in den beanspruchten Hirnbereichen an, denn die feuernden Neuronen brauchen mehr Sauerstoff. Doch was passiert in den Pausen? Wie Ingvar verblüfft feststellte, führt auch Nichtstun zu einer vermehrten Durchblutung in bestimmten, vor allem frontal (hinter der Stirn) gelegenen Arealen. Offenbar bleibt selbst das unbeschäftigte Gehirn auf Trab. Ein Gehirn kennt, grob gesagt, nur zwei Zustände: Entweder es arbeitet oder es ist tot. Dazwischen gibt es nichts.

Die Auswertung zahlreicher Studien ergab, dass die mysteriöse Ruheaktivität weder eine Anomalie einzelner Personen noch ein Artefakt war. Diese Beobachtung hat wichtige Konsequenzen für die Arbeit von Hirnforschern: Sie benötigen bei ihren Experimenten nämlich einen Vergleichsmaßstab, auch Kontrolle genannt. Um Ort und Verlauf der neuronalen Aktivität, ob beim Rechnen, Lesen oder Denken, zu ermitteln, lösen Probanden im Tomographen zum Beispiel Aufgaben auf einem Bildschirm. Dabei registriert man den Blutfluss in ihrem Gehirn jedoch sowohl während als auch zwischen den Präsentationen. So lässt sich die »reizgebundene« Erregung von der in der Kontrollbedingung subtrahieren – das jeweilige Aktivitätsplus (oder -minus) ist dann der Aufgabe geschuldet.

Als Kontrolle dient meist das entspannte Betrachten eines Fixationskreuzes, schließlich ruht der Proband dabei. Oder nicht? *Wie lange soll ich das dumme Kreuz eigentlich noch anstarren? Hier riecht es irgendwie komisch. Ich darf nicht vergessen, auf dem Heimweg noch Milch zu kaufen!* Um dieses mentale Störfeuer in den Griff zu bekommen, zeichnen Hirnforscher viele Durchgänge nacheinander auf. Wiederholt man die Aufgabe oft genug, so das Kalkül, mittelt sich das Rauschen heraus.

Das unbeschäftigte Gehirn ergeht sich freilich nicht in irgendwelcher Zufallsaktivität, sondern zeigt typische Muster.

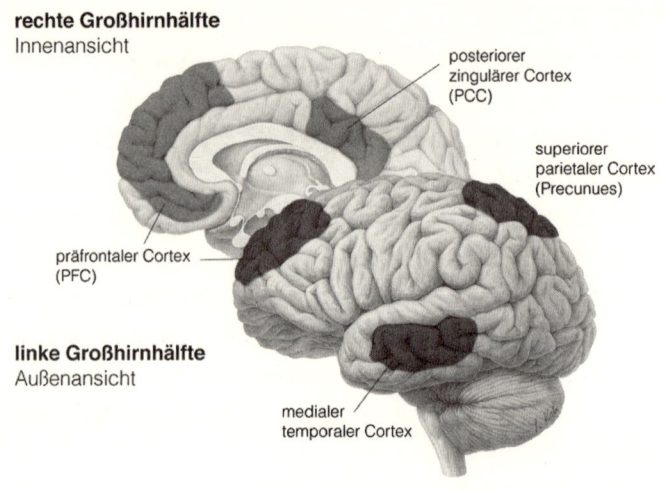

rechte Großhirnhälfte
Innenansicht

posteriorer
zingulärer Cortex
(PCC)

superiorer
parietaler Cortex
(Precunues)

präfrontaler Cortex
(PFC)

linke Großhirnhälfte
Außenansicht

medialer
temporaler Cortex

Hirngraphik 3: Die Hauptzentren des sogenannten Ruhemodus-
netzwerks.

Die Ehre, diese als Erster systematisch beschrieben zu
haben, gebührt dem Radiologen Marcus Raichle von der
Washington University in St. Louis (USA). In seinem Auf-
sehen erregenden Fachartikel über den »Ruhemodus der
Hirnfunktion«[119] berichtete er vor nunmehr 15 Jahren: Wer
untätig im Scanner liegt, aktiviert ein ganz bestimmtes
Netzwerk von Hirnarealen, das prompt verstummt, sobald
der Test fortgesetzt wird. Dieses Ensemble stellt eine Art
Leerlauf des Gehirns sicher, daher taufte es Raichle auf den
Namen *default-mode network* (DMN) – zu deutsch: Grund-
einstellungs- oder Ruhemodusnetzwerk.

Es umfasst einige Hirnregionen, die eher nach Fußball-
klubs klingen: den PFC (präfrontalen Cortex)[120] sowie den

PCC (posterioren cingulären Cortex), außerdem den mittleren Schläfenlappen (medialen temporalen Cortex) sowie den Precuneus im oberen Teil des Scheitellappens (siehe Hirngraphik 3). Hier wird das Gehirn also vermehrt aktiv, wenn wir gerade nichts tun.[121]

Raichle sprach daher von der »dunklen Energie« im Kopf und bezifferte ihren Anteil am Gesamtumsatz der Großhirnrinde auf bis zu 80 Prozent. So viel neuronales Treiben hat offenbar gar nichts mit dem Empfangen und Beantworten von Reizen oder mit dem Steuern von Bewegungen zu tun. Ist unser Gehirn etwa hauptsächlich mit sich selbst beschäftigt?

Diesen Verdacht erhärtet ein Blick auf die Feinanatomie der Großhirnrinde, dem Sitz aller höheren geistigen Funktionen. Nur eine von 10 000 Nervenverbindungen in diesem stammesgeschichtlich jüngsten und größten Hirnteil leitet In- und Output weiter; der weit überwiegende Teil der Verknüpfungen dient hingegen dem internen Signalaustausch. Die Zahl der Rückkopplungsschleifen übersteigt die der Ein- und Ausgänge um ein Vielfaches, selbst in Arealen, die vermeintlich »nur« Sinneseindrücke verarbeiten.

So stammen nach Schätzung des Neurophysiologen Lars Muckli mehr als 90 Prozent der Signale, die die primäre Sehrinde (V1) empfängt, nicht etwa von den Augen, sondern aus anderen Cortexregionen. Die für das Sehen zuständigen Hirnbereiche verarbeiten also weit mehr Kollateralfeuer als externen Input.[122]

Warum ist das so? Einer revolutionären Theorie zufolge, ist unser Gehirn weniger mit der Welt da draußen beschäftigt als damit, Prognosen über die Zukunft anzustellen.

Auf den Schultern eines Riesen

In Ihrem Kopf haust ein Visionär. Er spekuliert immerzu darauf, was »da draußen« los ist und was als Nächstes passieren wird. Selbst in einfache Wahrnehmungen fließen bereits komplexe Vorannahmen ein. Betrachten Sie zum Beispiel dieses Muster:

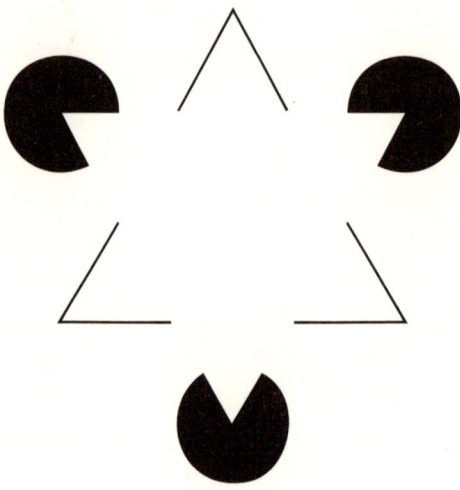

Dreiecksillusion

Wir können uns nicht des Eindrucks erwehren, dass hier ein Dreieck drei darunter liegende Kreise verdeckt. Doch dieses Dreieck ist pure Einbildung. Wir sehen es nur, weil unser Gehirn von der Voraussetzung ausgeht, dass eine so merkwürdige Anordnung von Flächen und Konturen vermutlich durch Verdeckung zustande kommt.

Oder nehmen wir das folgende, etwas lebensnähere Beispiel. Was sehen Sie hier?

Ente-Hase-Doppelbild

Zur Osterzeit erkennen Probanden in diesem Bild eher einen Hasen – die Ente kommt ihnen dagegen im Oktober in den Sinn.[123] Dass unsere Wahrnehmung kein passives Abbild der Umwelt ist, sondern ein höchst aktiver, schöpferischer Prozess, erkannte bereits im 19. Jahrhundert der Physiker und Physiologe Hermann von Helmholtz (1821–1894). Was wir sehen, hören, schmecken oder tasten, ist nicht einfach das, was uns die Sinne melden, sondern was das Gehirn daraus macht. Dabei stellt es permanent Hypothesen auf und bewertet diese anhand der eintreffenden Sinnesdaten. Wir empfangen quasi ein Echo dessen, was wir in die Welt hinausrufen.

Das Gehirn antizipiert laufend, denn dafür hat die Evolution es gemacht. Es muss schnell sein, wenn sein Besitzer eine Überlebenschance haben soll. Fest verdrahtete Mutmaßungen helfen dem Gehirn, jene Optionen auszusortieren, die vermutlich keine Aufmerksamkeit verdienen. Auf der Basis seiner Erfahrungen stutzt es die Vielzahl der möglichen Interpretationen zurecht, bevor es überhaupt anfängt, die Welt zu interpretieren. Alles andere würde viel zu lange dauern. Das oberste Ziel: Prognosefehler minimieren!

Dieses Arbeitsprinzip belegen viele Sinnestäuschungen. Etwa die Gummihand-Illusion: Hält ein Proband seinen Arm unter eine Tischplatte, auf der eine Plastikattrappe liegt, und wird diese künstliche Hand im gleichen Rhythmus wie die verdeckte, echte etwa mit einem Pinsel berührt, so hat der Betreffende binnen Sekunden den Eindruck, das Ding auf dem Tisch gehöre zu seinem eigenen Körper. (Entsprechend groß ist der Schreck, wenn der Versuchsleiter plötzlich mit einem Messer darauf einsticht!) Wenn Augen und Tastsinn kongruente Ereignisse melden, kann das nur eines bedeuten: Du gehörst zu mir!

Einen ähnlichen Ist-Soll-Abgleich beobachten Forscher auch auf dem Gebiet der Bewegungssteuerung. Stellen Sie sich vor, Sie sitzen am Frühstückstisch und greifen nach Ihrer Kaffeetasse. Dabei wird nicht etwa ein festes Programm abgespult, sondern Ihr sensomotorischer Apparat tastet sich Stück für Stück vor. Die Bewegung gelingt nur, weil Ihr Gehirn die erwartete Rückmeldung aus der Umwelt mit der realen verrechnet: Tasse kommt näher, jetzt langsam, fertig zum Andocken – Achtung, heiß! Erstaunlicherweise sind vermeintlich triviale Bewegungen wie das Ergreifen eines Gegenstands für Roboter bis heute ein Riesenproblem. Der Grund liegt in genau diesem fortwährenden Rückkopplungsmechanismus. »Unsere Wahrnehmung wird durch Feedback aus der Umwelt laufend korrigiert«,[124] erklärt der Neurophilosoph Andy Clark von der Universität in Edinburgh. Irren ist daher nicht nur unvermeidlich, es ist der

Grundstein unseres Erfolgs! Das Gehirn reduziert andauernd das Ausmaß seiner Fehler.

Aus dem gleichen Grund können wir uns auch nicht selbst kitzeln: Mein Gehirn weiß bereits, was kommt, wenn es die Befehle aussendet, die meine Fingerkuppen über meine Haut gleiten lassen. Der resultierende Input lässt den Tastsinn daher kalt. Sobald fremde Finger im Spiel sind, fehlt diese Vorhersage – und der gleiche Reiz fühlt sich völlig anders an.

Eine ähnliche Strategie ist in der Signaltechnik als *predictive coding* (vorausschauendes Kodieren) bekannt. Sie besagt: Beachte die Abweichung vom Erwarteten! Nur das Besondere, nicht das Übliche, zählt. So wie eine Bilddatei nicht die Farbwerte sämtlicher Pixel enthält (nur da, wo sich etwas ändert, wird es festgehalten, um Speicherplatz zu sparen), registriert auch unsere Wahrnehmung und unser Gedächtnis lediglich Veränderungen vom Gewohnten: Wir spüren die Brille aus der Nase oder die Kleidung auf der Haut nicht – es sei denn, es ziept irgendwo. Und wir merken uns zwar die Frau im weißen Jaguar, nicht aber jedes Auto im Stau auf der Autobahn.

Kommen wir noch einmal zu der Frage zurück, wie bewusste und unbewusste Prozesse zusammenspielen. Stellen Sie sich vor, Sie wachen morgens in Ihrem Bett auf, und durch das offene Fenster dringt Vogelgezwitscher. Sie denken: *Ist es die Nachtigall oder die Lerche?* Romeo und Julia. Was in diesem Sekundenbruchteil in Ihrem Kopf geschah, lässt sich vereinfacht so beschreiben: Das retikuläre Aktivierungssystem in Ihrem Hirnstamm schüttete Botenstoffe aus, die Ihre Großhirnrinde in einen halbwegs wachen Zustand versetzten. Die Sinneszellen in der Cochlea Ihres Innenohrs wurden zugleich von Schallwellen erregt und sendeten Signale an die Hörrinde. Dort wurden die Laute entschlüsselt und mit den im Gedächtnis gespeicherten Mustern verglichen. Der Hippocampus, Hort der Erinnerungen, steuerte Wissen über verschiedene Vogelstimmen bei und förderte damit verknüpfte Rudimente aus Ihrer Schulzeit zutage. Da Sie eben erst erwachten und unsicher waren, ob es Morgen oder tiefe Nacht war, stieß irgendein neuronaler Mechanismus auf das berühmte Shakespeare-Zitat. Und das alles noch, ehe Sie die Augen öffneten.

In unserem Kopf muss eine Menge zusammenkommen, damit eine Wahrnehmung, Erinnerung oder ein Gedanke bewusst wird. Was genau da zusammenkommt, ist trotz jahrzehntelanger Forschung immer noch unklar. Der Neurophysiologe Benjamin Libet (1916–2007) zeigte in den 1980er-Jahren, dass sich bereits gut eine halbe Sekunde vor dem bewussten Entschluss, einen Finger zu heben, die Absicht dazu durch ein sogenanntes Bereitschaftspotential über den supplementär-motorischen Cortex ankündigt.[125] Libet zog daraus den Schluss, dass unser Gehirn Handlungen bereits plane, bevor wir sie willentlich initiierten. Die Würfel seien längst gefallen, wenn wir uns subjektiv, also bewusst zur Tat entschließen. Libets Experiment widerlegt zwar keineswegs die Existenz des freien Willens, wie manche Interpreten annahmen.[126] Doch es demonstriert: Bewusstsein fällt nicht vom Himmel. Es steht auf den Schultern eines Riesen – des Unbewussten.

Die Vorstellung, mein Wille sei ein »unbewegter Beweger«, der voraussetzungslos, quasi aus dem Nichts heraus, Entschlüsse fasst und Bewegungsbefehle aussendet, ergibt keinen Sinn. Denn wo sollten diese Entschlüsse und Befehle herkommen, wenn nicht aus den Abwägungen meines Geistes? Solange man nicht von einer göttlichen Eingebung oder ähnlichem ausgeht, bleibt es dabei: Es gibt kein Empfinden, kein Wollen und kein Denken, das sich nicht in der verborgenen neuronalen Maschinerie anbahnt.

Wie das geschieht, weiß bis heute niemand. Noch lässt sich das unvorstellbar komplexe Treiben unserer gut 80 Milliarden Hirnzellen nicht einmal annähernd genau genug nachverfolgen. Wie zahlreiche Forscher vor und nach ihm, führte Libet seine Messungen per Elektroenzephalographie (EEG) durch: Auf die Kopfhaut aufgeklebte Elektroden registrieren dabei die Potentialschwankungen, welche die Aktivität der Neuronen unter der Schädeldecke begleiten. Doch solche winzigen Spannungsschwankungen von wenigen Mikrovolt beruhen bereits auf dem koordinierten Feuern, den Aktionspotentialen, von Millionen Zellen.

Trotz Hochleistungsrechnern ist man noch weit davon entfernt, das Geheimnis zu lüften, wie die Arbeit einiger Zigtausend Neuronen umfassender Netzwerke Erinnerungen, Gedanken oder Gefühle hervorbringt. Zwar weiß man grob, welche Hirnareale an welchen geistigen Leistungen beteiligt sind. Doch wann und wie sich inmitten dieses Tumultes der Umschwung vom Unbewussten zum Bewusstsein vollzieht, bleibt vorerst rätselhaft.

Allerdings lässt sich demonstrieren, wie unterschwellige Reize unser Verhalten beeinflussen. Präsentiert man Probanden für kurze Zeit Bilder oder Töne, gefolgt von einem weiteren, leicht erkennbaren Reiz, so wird der erste vom zweiten überlagert (diesen Effekt bezeichnet man als Maskierung). Die maskierten Stimuli zeigen dennoch Wirkung. Blitzen auf einem Bildschirm zum Beispiel Pfeile auf, die anzeigen, wo kurz darauf ein bestimmter Zielreiz erscheinen wird, so erkennen Versuchspersonen dessen Position schneller als ohne den unterschwelligen Wink.

Wie frei sind wir wirklich?

Ein unentwirrbares Geflecht aus Bewusstem und Unbe-
wusstem kennzeichnet unseren Geist. Wie sehr wir uns
auch um willkürliche Kontrolle bemühen, wir erreichen sie
nie ganz. Wir tun viele Dinge, die wir nicht bemerken, und
wenn, wissen wir nicht, warum wir sie tun. Das können
motorische Tics sein wie Nägel kauen oder mit dem Fuß
wippen, aber auch das Wandeln auf ausgetretenen Denk-
pfaden. Wir können versuchen, sie uns bewusst zu machen
und über ihre möglichen Quellen (verdrängte Konflikte, unbewusste Wünsche etc.) spekulieren. Unser Verhalten um-
krempeln können wir so leicht nicht.

Im Laufe des Lebens koppeln wir unser Handeln sogar
zunehmend von der bewussten Kontrolle ab. Lernen bedeutet nichts anderes: Nicht mehr überlegen, sondern Routinen
abspulen. Das Bewusstsein fungiert hier nur als Notbremse
und als Scheibenwischer. Es schreitet ein, wenn wir in Gefahr geraten, und sorgt für freie Sicht, indem es uns vorgau-
kelt, die Welt läge offen vor uns. Seine Funktion ähnelt der
Benutzeroberfläche eines Computer: Auch diese lässt die
Dinge klar und geordnet erscheinen, während das Betriebs-
system im Hintergrund auf völlig undurchsichtige Weise
das Geschehen dirigiert.

Das wirft eine bis heute unbeantwortete Frage auf: Wie
frei sind wir wirklich? Mit Freiheit meinen wir zweierlei:
Freiheit *von* etwas, zum Beispiel von Zwang und Bevor-
mundung; aber auch Freiheit *zu* etwas, etwa die Wahl zwischen mehreren Optionen. Mein Entschluss, eine Tafel
Schokolade zu essen, ist frei, wenn es mir niemand vor-
schreibt und wenn ich eine Alternative habe, also auch »an-

ders könnte«. Doch mit dem Anderskönnen ist das so eine Sache.[127] Es kommt schließlich immer nur zu der einen Handlung, alle anderen bleiben hypothetisch. Ob ich die Schokolade aß, weil mich ein unüberwindbarer Drang dazu trieb oder ob ich es genauso gut hätte sein lassen können – wer wollte das entscheiden?

Selbst wenn es Alternativen gibt, haben wir sie oft nicht im Blick. Angenommen, ein guter Freund sagt zu Ihnen, Sie seien ein miserabler Zuhörer. Im ersten Moment verblüfft Sie diese Kritik vielleicht, dann sind Sie beleidigt und schließlich beginnt es, an Ihnen zu nagen: Ist da was dran? Denken andere auch so und haben nur nicht den Mut, es mir zu sagen? Machen die mir aus Höflichkeit nur etwas vor? Was für Freunde sind das denn eigentlich? Bestimmt hat Klaus das Kaffeetrinken neulich deshalb abgesagt – er hatte keine Lust, sich meine Monologe anzuhören ... Wie frei sind Sie, anders zu denken?

Anderes Beispiel: Manche Menschen wollen es allen rechtmachen. Von klein auf wurden sie darauf getrimmt. Wann immer sie »ungezogen« waren, machten man ihnen ein schlechtes Gewissen. *Wenn du das tust, hat Mama dich nicht lieb!* Wie viele Tränen und Selbstzweifel hat es gekostet, bis sie verstanden: Ich muss immer nur tun, was andere von mir wollen, dann geht es mir gut! Es hat sich tief ins Gehirn eingegraben – und so etwas schlägt man sich nicht mal eben aus dem Kopf.

Muss man sich nicht einfach darüber klar werden, um solche »Macken« zu überwinden? Bewusstmachen gilt vielen als Allheilmittel, als Universalkitt für gebrochene Seelen. Doch wer die Macht des Nachdenkens überschätzt, tritt bei dem Versuch, sich zu ändern, oft auf der Stelle. Eingeschliffene Verhaltensmuster durch bloßes Nachdenken und

Besprechen abstreifen zu wollen, ist so, als wolle man mit einer Nagelfeile Holz hacken.

Selbstreflexion ist ein wichtiger erster Schritt in der Therapie. Die eigenen Automatismen zu erkennen und sie zu unterbrechen, bildet häufig den Grundstein für die Arbeit an sich selbst. Doch durch rationale Einsicht allein wird man kein anderer Mensch. Wenn man sich seine Reaktion erklären kann, bleibt man deshalb nicht plötzlich gelassen gegenüber Dingen, die einen wahnsinnig machen. Trotz bester Vorsätze kann man Kritik nicht plötzlich schlagfertig kontern. Bewusstmachen hilft nur mittelbar; es ist, wenn überhaupt, erst der Anfang.

Bewusstsein und Unbewusstes – das sind künstliche Kategorien. In unseren Köpfen gibt es diese klare Unterscheidung nicht. Bewusstsein fällt nicht vom Himmel, sondern wird von unbewussten Vorgängen angebahnt; umgekehrt wirkt das, was wir bewusst wollen und denken, auf unsere impliziten Handlungsmodi zurück. Denken und Nichtdenken beschreiben insofern die Grenzposten jenes Terrains, in dem sich der größte Teil unseres Seelenlebens abspielt. Wir werden von Gewohnheiten und Automatismen dirigiert, anders wären wir gar nicht in der Lage, so flüssig und sicher zu agieren, wie wir es tun. Unser Geist erschafft zudem immer neue Routinen, er ist laufend dabei, das Handeln vom Bewusstsein zu lösen: Nicht mehr denken, sondern einfach machen – das ist das Ziel.

»Wir sind fundemental konservativ«, erklärt Clarks Kollege Jakob Hohwy.[128] Wenn es nach unserem Gehirn ginge, würden wir alles wie immer tun. Wir kochen auf Sparflamme, solange nichts Unvorhergesehenes passiert, und sind auf erlernte Automatismen angewiesen. Ob wir uns zwischen Aufstehen oder Liegenbleiben entscheiden, die Straße überqueren, entgegenkommenden Passanten ausweichen, unser Gegenüber beurteilen – wer darüber nachdenkt, kommt nie vom Fleck. Der Mensch ist ein Gewohnheitstier. So abgedroschen dieser Satz ist, so viel Wahrheit steckt in ihm.

Warum wir tagträumen

Kehren wir noch einmal zu der mysteriösen Offline-Aktivität des Gehirns zurück. Der Neurowissenschaftler Jonathan Smallwood von der University of York hält die Idee, es handle sich dabei um einen »Ruhemodus« für abwegig. Aktivität des Default-Mode Network zeige keine Ruhe an, sondern das freie Flottieren von Erinnerungen, Vorstellungen, Plänen und Ideen. »Die Funktion des Default-Modus ist nicht Nichtstun, sondern die Gedanken schweifen zu lassen«, so Smallwood. Er gehört zu der wachsenden Zahl von Wissenschaftlern, die das sogenannte *mind wandering* erforschen. Für Smallwood stimmt dieses geistige Abschweifen das Ich auf die Anforderungen der Umwelt ein. Was wäre, wenn ...? Soll ich vielleicht besser ...? Kann es sein, dass ...? Indem wir verschieden Szenarios durchspielen und unsere eigenen sowie fremde Absichten einem Testlauf unterziehen, wappnen wir uns für das, was kommt. Im Zustand des Tagträumens vergessen wir uns, um uns neu zu justieren.

Eine wachsende Zahl von Studien belegen den engen Zusammenhang zwischen Tagträumen und dem Defaultmodus des Gehirns. Erste Hinweise darauf lieferte vor fast zehn Jahren eine Arbeit von Neuropsychologen um Malia Mason vom Dartmouth College in Hanover (USA).[129] Sie ließen Probanden einen simplen Test, bei dem man die Reihenfolge einiger Buchstaben kurzzeitig im Gedächtnis behalten musste, solange üben, bis sie ihn quasi im Schlaf beherrschten. Nun stieg die Tagtraumfrequenz rapide an, und mit ihr die Aktivität des DMN. Vadim Axelrod und Kollegen von der israelischen Bar Ilan Universität wiesen kürzlich sogar in einem Laborversuch nach, dass die Stimulation von Teilen des DMN (die Forscher sandten schwache Stromimpulse in den präfrontalen Cortex) das Tagträumen der Teilnehmer fördert.[130]

Auch auf anderem Weg lässt sich der schlummernde Geist wecken. Schon ein viertelstündiges Kreativitätstraining fördert den Signalaustausch innerhalb des DMN, wie chinesische Forscher 2014 berichteten.[131] Wer dieses Hirnnetzwerk aktiviert, löst die gedankliche Handbremse im Kopf. Das ist zwar nicht immer eine reine Freude, nicht zuletzt, weil wir dabei natürlich auch über eigene Unwissenheit, begangene Fehler und verpasste Chance stolpern. Aber es scheint unerlässlich, um frischen Wind ins Denken zu bringen. Und das Beste: Wir müssen gar nichts aktiv dafür tun. Tagträume stellen sich von ganz allein ein – wenn wir sie lassen.

Dass dieser so eminent wichtige Geisteszustand von der Forschung lange Zeit unbeachtet blieb, liegt auch daran, dass man schwer kontrollieren kann, ob und wohin die Gedanken von Probanden abdriften. Mit ausgefeilten Methoden sind Psychologen und Hirnforscher heute dem Geheimnis des Tagträumens auf der Spur. Die Terra incognita des schweifenden Geistes ergründen sie nicht viel anders, als Geologen die Zusammensetzung einer Gesteinsformation bestimmen: Sie ziehen Gedankenproben (*mind probing*), und zwar bevorzugt in drögen Momenten. So langweilten etwa Forscher um Kalina Christoff von der University of British Columbia in Vancouver ihre Probanden im Hirnscanner beinah zu Tode.[132] Die Teilnehmer sollten jede Zahl, die auf einem Bildschirm erschien, mit einem Tastendruck quittieren – außer, wenn es eine 3 war. In regelmäßigen Abständen wurden sie dabei gefragt: »Woran denkst du gerade?« Wie erwartet unterliefen Probanden, die gerade tagträumten, deutlich mehr Patzer. Sie waren vorübergehend nicht bei der Sache, was die Fehlerquote rasch erhöhte.

Theoretisch könnten Probanden zwar von selbst kundtun, wann sie mental abschweifen. In der Praxis klappt das aber kaum. Denn wir bemerken es selbst meist nicht, wenn wir tagträumen, sondern werden uns erst nachträglich klar darüber. Doch den Inhalt unserer Gedankenschleifen haben wir dann längst wieder vergessen.

Der auffällige Mangel an Metakognition hat einen neuroanatomischen Hintergrund: Dieselben Areale, die uns zu wissen erlauben, was wir gerade tun oder denken, sind auch Teil des DMN. Werden sie vom Tagträumen in Beschlag genommen, bleibt für das »Denken über das Denken« nicht genug Kapazität übrig.[133]

Heute weiß man, dass der Default-Modus des Gehirns eng mit dem Tagträumen verknüpft ist.[134] Sind wir mit etwas zugange, das nicht unsere volle Konzentration erfordert, schweifen wir rasch ab. Forscher prägten dafür das Akronym SIT für *stimulus-independent thought*, zu deutsch: reizunabhängiges Denken. Matthew Killingsworth und Daniel Gilbert von der Harvard University haben durch Gedankenproben per SMS-Nachrichten (»Woran denken Sie in diesem Augenblick gerade?«) eruiert, dass wir bis zur Hälfte unserer wachen Zeit mit Tagträumen verbringen.[135] Das bietet reichlich Raum für negative Gefühle, denn ähnlich wie im Schlaf spielen wir tagträumend auch häufig Angst- oder Wutszenarien durch. Nach Ansicht der Psychologen drückt dies auf die Stimmung; vor allem dann, wenn die Gedanken um verpasste Chancen oder erlittene Kränkungen kreisen: *Wieso habe ich mich so dumm angestellt? Warum hat er das getan?*

Doch ist ein schweifender Geist deshalb per se unglücklich? Ein Teil des Unbehagens, welches das Tagträumen auslöst, könnte daher rühren, dass man es als Schwäche und Vergeudung ansieht. Häufig ärgern sich Tagträumer, ihre Zeit nicht effektiv genutzt zu haben. Was sie unterschätzen ist, wie wichtig *mind wandering* tatsächlich ist. Es bietet uns Gelegenheit, neue Ideen zu generieren, Pläne zu schmieden und die Absichten anderer zu lesen.

Laut Marcus Raichle liegt darin der tiefere Sinn des Tagträumens: Ähnlich wie im Schlaf simuliert das Gehirn, was es erleben könnte.[136] Der Leerlaufmodus lässt uns aus den üblichen Denkbahnen ausscheren und eröffnet neue Sichtweisen. Eine Reihe von Studien belegen inzwischen, dass Tagträumen die Kreativität fördert. Nicht nur besitzen Menschen, die viele originelle Verwendungen für einen Gegenstand ersinnen können, besonders enge Verknüpfungen zwischen den DMN-Arealen.[137] Auch die Möglichkeit, ein wenig Müßiggang zu treiben und seinen Gedanken nachzuhängen, nachdem man einen kniffligen Logiktest absolvierte, lässt anschließend die Ideen eher sprudeln.[138]

Nicht umsonst pflegen kreative Geister oft monotone Alltagsroutinen. Der US-amerikanische Blogger Mason Curry hat mehr als 150 Künstler, Filmemacher, Musiker, Philosophen und Forscher zu ihrer Tagesgestaltung befragt. Die überwiegende Mehrheit von ihnen hielt strenge Arbeitszeiten und andere feste Gewohnheiten ein. Im Schutz des Immergleichen, das keine Entscheidungsressourcen erfordert, entfaltet das Tagträumen seine Kraft. So ist einer der wichtigsten Erkenntnis- und Kreativitätsförderer überhaupt – der Spaziergang.

Das gedankliche Abschweifen ist zudem eine Art Trockenübung dafür, die Perspektive zu wechseln. Randy Buckner und Daniel Carroll von der Harvard University erklärten in einer Übersichtsarbeit, dass das DMN zu großen Teilen identisch ist mit den Hirnbereichen, die uns mentale Projektionen ermöglichen – etwa, wenn wir uns zukünftige Ereignisse ausmalen oder uns in andere Menschen hineinversetzen.[139] Wer besonders talentiert darin ist, zeigt eine stärkere Aktivierung im dorsomedialen Teil des präfrontalen Cortex – einer Kernregion des DMN. Wenn wir abschätzen, was unsere Mitmenschen im Schilde führen, springen laut Forschern der University of California in Los Angeles ebenfalls Hirnareale des DMN an.[140]

Abnorme Aktivierungen in diesem Netzwerk deuten wiederum auf psychische Störungen hin. Konzentrieren sich depressive Menschen auf eine Testaufgabe, dämpfen sie das DMN nicht so stark wie Gesunde; dagegen fährt es bei Traumatisierten besonders stark herunter.[141] Während ersteres ein Ausdruck der erhöhten Ichfokussierung sein dürfte (Depressive sind mit sich selbst beschäftigt, auch wenn es an sich um etwas anderes geht), sind Menschen mit posttraumatischer Belastungsstörung aufgrund ihrer Erfahrungen hypersensibel, was mögliche Bedrohungen betrifft. Diese Habachtstellung drückt sich im reduzierten Aktivierungsmuster des DMN aus.

Dass die Wirkung der Achtsamkeitsmeditation ebenfalls maßgeblich an den Default-Modus geknüpft ist, zeigt: Geistige Versenkung bringt das Denken nicht etwa zum Stillstand, sondern übt uns in der Kunst des entspannten Tagträumens. Hirnforscher um Wendy Hasenkamp von der

Emory University in Atlanta ließen Probanden im Computertomographen ihre Aufmerksamkeit auf den eigenen Atem lenken.[142] Bei den meisten dauerte es nicht lange, bis die Gedanken zu wandern begannen. Sobald der Meditierende dies bemerkte, sollte er den mentalen Fokus wieder auf seinen Atem richten.

Anhand der neuronalen Aktivitätsmuster konnte Hasenkamp und ihr Team vier Phasen unterscheiden: Schweifen die Gedanken ab, steigt zunächst die Aktivität im DMN. Wird man sich dann der jeweiligen Ablenkung bewusst, regen sich vermehrt die Insula und das vordere Zingulum. Sie gehören zu einem sogenannten Salienz-Netzwerk, das Reize und Assoziationen auf ihre Bedeutsamkeit prüft und den Ruhemodus bei Bedarf herunterfährt. Die dritte Phase, während der man bei einem bestimmten Aufmerksamkeitsfokus verharrt, geht mit vermehrtem Feuern des dorsolateralen präfrontalen Cortex (dlPFC) sowie des unteren Scheitellappens einher. Diese Regionen sorgen dafür, dass wir Ablenkungen aktiv ausblenden. Der dlPFC übernimmt schließlich auch in der vierten Phase die Regie, wenn die Konzentration wieder auf den Atem gerichtet ist.

Während Meditationsnovizen vom Sog ihrer Gedanken regelrecht überwältigt und fortgerissen werden, können Geübte den Reigen der Einfälle und Bilder distanzierter betrachten. Der Lohn des Versenkens liegt somit nicht darin, irgendwie klarer oder effizienter zu denken, sondern den Wirrwarr der Gedanken gelassener zu erleben.

Wir sind mentale Wiederkäuer und denken oft immer wieder das Gleiche – besonders dann, wenn wir gestresst sind und im Alltag »funktionieren« müssen. Erst in Momenten der Muße, wenn uns weder äußere Zwänge noch innere Bedürfnisse beherrschen, kommt frischer Wind in den Kopf.

Doch mit der Muße ist es oft so ähnlich wie mit der Freiheit: Jeder wünscht sie sich, doch kaum hat man sie, ist es auch wieder nicht recht. Freiheit bedeutet eben nicht nur, entscheiden zu *dürfen*, sondern auch entscheiden zu *müssen* und Verantwortung für sein Handeln zu tragen. Genau wie dies will auch Müßiggang gelernt sein.

Wie schwer sich mancher damit tut, fanden Psychologen um Timothy Wilson heraus. [143] Sie wollten wissen, was Probanden darum geben, dem Nichtstun zu entfliehen, und baten sie, in einem leeren Raum zu warten. Das einzige Utensil darin: ein Elektroschocker. Zwei Drittel der Männer und ein Viertel der Frauen fügten sich damit binnen 15 Minuten selbst Stromschläge zu! Dieselben Personen hatten bei einem Probelauf zuvor die Schocks als unangenehm bis schmerzhaft bewertet. Lieber leiden als nur herumsitzen? Wir täten vielleicht besser daran, Langeweile auch mal auszuhalten.

Apropos, machen Sie – hier und jetzt – doch einfach die Probe aufs Exempel: Auf der folgenden Seite können Sie nach Belieben herumkritzeln und ungeniert Ihren Tagträumen nachhängen!

Das ungerichtete, freie Assoziieren lässt uns Zusammenhänge sehen, auf die wir anders nicht kämen. Das heilsame Potential, das hierin liegt, ist Gegenstand der nun folgenden Betrachtungen.

Eine unsichtbare Folie

Sie wachen jeden Morgen auf und sind wieder Sie selbst. Diese schläfrige Schwere ist Ihnen wohlbekannt, ebenso wie die aufkeimende Angst, Sie könnten verschlafen haben – und die Erleichterung beim Blick auf den Wecker: Ach, es ist ja noch Zeit! Und auch heute fragen Sie sich vor dem Kleiderschrank wieder, warum Sie nichts Gescheites anzuziehen haben.

Niemand fängt je wieder bei null an. Das ist einer der Gründe dafür, dass wir uns als stabile Einheit, als Ich mit festen Vorlieben und Eigenschaften wahrnehmen. Gleichzeitig besitzt dieses Ich eine Fülle unterschiedlicher Facetten. Wir spielen alle möglichen Rollen – als Ehe- oder Liebespartner, Freunde, Geschwister, Eltern, Konsumenten, Patienten, Wähler, Arbeitnehmer, Steuerzahler, Mieter, Autofahrer und so weiter. Und je nachdem, welche Rolle aktuell im Vordergrund steht, denken und handeln wir durchaus verschieden. Nun die Preisfrage: Was von alldem ist Ihr *wahres*, Ihr authentisches Ich? Mein Verdacht: Je mehr wir unserem innersten, unverfälschten Wesen nachforschen, desto mehr versteigen wir uns in fixe Ideen.

Das Ich ist eine unsichtbare Folie, durch die wir die Welt betrachten. Je nachdem, wie diese Folie gerade beschaffen ist, sehen wir die Dinge mal so und mal so. Es gibt sie alle, Dumme und Schlaue, Nette und Fiese, Faule und Fleißige, Bescheidene und Angeber, Egoisten und Gutmenschen, Nörgler und Frohnaturen, Chaoten und Superdisziplinierte – und von allen steckt auch etwas in Ihnen! Das sind keine klar abgegrenzten Typen, sondern Dimensionen, die jeden von uns mal mehr und mal weniger kennzeichnen.

Zweierlei übersehen wir bei unserer Selbstbetrachtung besonders leicht: Wie sehr das Ich sozial geformt wird und wie wandlungsfähig es ist. Wir sind durchdrungen von der Kultur und Gemeinschaft, in der wir groß wurden. Kleinkinder erkennen zuerst bei anderen, was es heißt, eine Absicht zu verfolgen, bevor sie dies bei sich selbst entdecken.[144] Später vergleichen wir uns ständig mit unseren Nächsten, machen unser Wohl und Wehe davon abhängig, ob wir ebenso viel können, verdienen oder wissen wie sie (möglichst noch etwas mehr). Fast alles, was wir wollen, fühlen oder denken, wollen, fühlen oder denken wir durch und für andere. Selbst viele Erbfaktoren werden nur dann aktiviert, wenn äußere, vor allem soziale Rahmenbedingungen stimmen, wie epigenetische Studien belegen.

Haben Sie sich schon einmal gefragt, wie das Gefühl der Authentizität eigentlich zustande kommt? Eine Arbeitsgruppe um den griechischstämmigen Psychologen Constantin Sedikides, der an der University of Southampton in England arbeitet, ging dieser Frage in mehreren Studien nach.[145] So wollten die Forscher zum Beispiel von rund 150 Briten im Alter von 18 bis 79 Jahren wissen, unter welchen Umständen sie sich »eins mit sich selbst« fühlten beziehungsweise wann dies gerade nicht der Fall war. Die mehr als 700 gesammelten Episoden werteten die Forscher systematisch aus. Überraschenderweise waren es weniger Gelegenheiten der inneren Einkehr etwa beim Wandern, Lesen oder Relaxen, in denen sich die Probanden authentisch fühlten, sondern das Zusammensein mit anderen, mit Freunden, der Familien, den eigenen Kindern etwa.

»Offenheit für äußere Einflüsse« erwies sich sogar als der stärkste Vorhersagefaktor für das Authentizitätsgefühl – was insofern verblüfft als man hierbei ja gerade nicht einfach machen kann, wonach einem der Sinn steht. Unterm Strich, so die Autoren, geht es bei der Harmonie mit dem Ich aber weniger um Selbstbestimmung. Menschen fühlen sich vor allem dann authentisch, wenn sie sich in einer Aktivität versenken und im Gleichklang mit ihrer Umwelt sind. Konzentration aufs Ich ist dabei oft nicht förderlich. »Ironischerweise«, so das Fazit, »verstärkt es das Gefühl, man selbst zu sein, wenn man gerade nicht auf sich fokussiert.«[146]

Nach einer Theorie entsteht das Ich im Darüberreden. Es hat keinen festen Umriss, bis wir anderen von uns erzählen und uns mit Eigenschaften ausstaffieren. Ich bin die Summe meiner diversen Rollen. Und mein Selbstbild ist kein realitätsnahes Porträt, sondern erfüllt einen Zweck: Es hilft dabei, dass wir uns in Sicherheit wiegen und gut fühlen. Selbstwertdienliche Überzeugungen nennen das Psychologen. Acht von zehn Autofahrern halten sich beispielsweise für überdurchschnittlich geschickt am Steuer.

Wir umgarnen uns mit Komplimenten, täuschen Kompetenz und moralische Integrität vor. Es gibt kein Ich, das sich nicht verstellt. Eingewoben in den Kokon unseres geschönten Selbstbilds sind wir außerstande, dieselbe Klarheit, mit der wir andere betrachten, auf uns selbst anzuwenden. Doch wen kümmert's – Hauptsache, wir glauben an uns! Denn dann gehen wir Probleme und Herausforderungen beherzt an, statt davor zu fliehen, und lassen uns von Rückschlägen nicht so leicht aus der Bahn werfen. Zwar können wir manche unserer Selbsttäuschungen durchschauen, wenn uns andere einen Spiegel vorhalten. Doch früher oder später schlüpfen wir zurück unter die wärmende Decke der Illusion.

Ich will so leiden, wie ich bin

Zwei Wanderer verirren sich im Wald. Der eine geht Richtung Osten, der andere nach Westen. Eine Stunden später treffen sie sich. Wie das? – Wer sagt denn, dass sie gemeinsam losgingen? Oder: Ein Mann liegt erstochen in seinem Auto. Die Türen sind geschlossen, die Fenster hochgekurbelt, der Wagen ist unbeschädigt und ansonsten leer. Wie konnte jemand den armen Kerl töten, wenn das Auto doch verschlossen war? Kunststück, wenn es ein Cabrio ist!

So wie hier zieht unser Denken oft voreilig Schlüsse und geht von Annahmen aus, die uns in die Irre leiten. Egal wie logisch wir denken, wir bleiben auf dem Holzweg, wenn unsere Prämissen falsch sind. Das erkennt man am besten, indem man die Dinge auf den Kopf stellt und nichts für selbstverständlich nimmt. Durch Querdenken eben. Dass es auch klugen Köpfen oft an dieser Fähigkeit gebricht, ist ein Grund dafür, warum Intelligenz nicht vor Dummheit schützt.

Die Gedanken schweifen zu lassen, hilft häufig, solchen Fallen zu entgehen. Nicht angestrengt auf ein Ziel hindenken, sondern lockerlassen und über den Tellerrand hinausblicken, so entsteht ein neues Verständnis der Sachlage. Ein weiterer Grund dafür, warum regelmäßiges Abschalten so wichtig ist, lautet: Es rückt unsere Maßstäbe zurecht. Etwa solche, von denen es abhängt, für wie gesund oder krank wir uns halten.

Placebo ist Lateinisch und heißt übersetzt »ich werde gefallen«. Das klassische Beispiel: eine wirkstofffreie Zuckerpille, die allein schon, weil man daran glaubt, Schmerzen vertreibt. Der böse Bruder des Placebos ist der Nocebo (»ich werde schaden«). Hier löst die subjektive Überzeugung, etwas würde einem nicht guttun, genau die befürchteten Beschwerden aus. Das lässt sich in Studien relativ leicht nachweisen. Der Nocebo-Forscher Keith Petrie etwa lud Probanden in sein Labor an der Universität in Auckland (Neuseeland) ein und zeigte ihnen Filme über die Gefahren von Infraschall. Das sind niederfrequente Luftschwingungen, die zum Beispiel Windkraftanlagen produzieren und die vielen Neuseeländern als Ursache für Kopfschmerzen und Übelkeit gelten. (Sonderbarerweise hat sich diese Theorie hierzulande noch nicht sehr weit verbreitet.) Eine Wirkung auf den Organismus ist medizinisch allerdings nicht nachgewiesen. Nach der Vorführung mussten Petries Testpersonen noch eine Infrabeschallung über sich ergehen lassen. Die war allerdings nur ein Fake. Sie ahnen, was kommt: Die sensibilisierten Probanden zeigten prompt die typischen Beschwerden, anders als eine Kontrollgruppe, die ein Video mit positiver Botschaft gesehen hatte.[147]

Einen ähnlichen Versuch führte Jessica Biesiekierski zur grassierenden Gluten-Unverträglichkeit durch.[148] Nach offiziellen Statistiken leiden weniger als 0,5 Prozent der Deutschen an Zöliakie – einer Autoimmunerkrankung, bei der Glutenverzehr Entzündungen im Dünndarm auslöst. Doch fast zehn Prozent der Bevölkerung (also zwanzigmal so viele Menschen) verzichten wegen Beschwerden ganz oder teilweise auf Gluten.[149]

Biesiekierskis Team bekochte Betroffene zwei Wochen lang mit glutenfreier Kost. Die Teilnehmer zeigten daraufhin erwartungsgemäß keine Beschwerden. Dann wurden sie in drei Gruppen aufgeteilt: Neben einer weiterhin glutenfreien Truppe bekam die zweite schwach und die dritte stark glutenhaltige Kost. Die Mahlzeiten waren dabei so gewählt, dass unabhängige Tester nicht angeben konnten, wo Gluten enthalten war und wo nicht. Außerdem wussten weder die Teilnehmer noch die Versuchsleiter selbst, wer welcher Gruppe angehörte. Resultat: So gut wie alle Probanden fühlten sich kollektiv elend. Allein der Gedanke, man könnte Gluten zu sich genommen haben, löste Bauchweh und Unwohlsein aus.

Das in Wein, Tomaten oder Fleisch enthaltene Histamin sowie die Laktose in Milchprodukten bekommen vielen Menschen ebenfalls schlecht. Zudem stieg in den letzten Jahren die Zahl anderer Sensibilitäten wie Wetterfühligkeit, Elektrosmog-Syndrom und Allergien rasant. Das dürfte mindestens zum Teil auf den Noceboeffekt zurückzuführen sein.[150]

Die Unsicherheit in Gesundheits- und Umweltfragen ist heute größer denn je, und so mancher wittert Gefahren auch da, wo sie kaum zu erwarten sind. Zum einen werden solche Befürchtungen geschürt, denn mit Geschichten über »Killerweizen«, krankmachende Milch oder schädliche Zusätze in Kleidern, Spielzeugen und Nahrung lässt sich viel Furore und damit letztlich Geld machen. Von der Besorgniskultur profitieren neben den Medien auch die Medizin- und Therapiebranche. Und die Lebensmittelindustrie lässt mit teurem *functional food* die Kasse klingeln. Ich will nicht wissen, was das »E-Müsli« (»für Menschen, die viel am Computer sitzen«) gekostet hat, das meine Frau kürzlich eingekauft hat.

Zudem löste das Internet eine wahre Flut von Halbwissen aus, die viele Ängste nach oben spült. Medienforscher schätzen, dass rund zwei Drittel der deutschen Onlinenutzer im Netz nach Gesundheitsinformationen suchen.[151] Sie können jederzeit durch eine Fülle mehr oder weniger verlässlicher Tipps und Erfahrungsberichte surfen. Die Cyberchondrie (von Ärzten auch spöttisch »Morbus Google« genannt) ist auf dem Vormarsch.

Neben der allgemeinen Verunsicherung, den am Fließband produzierten Angst- und Heilsszenarien sowie dem Kummerkasten Internet gibt es noch einen weiteren wichtigen Faktor: die Idee, wir hätten es ganz allein in der Hand. Der Mythos der Machbarkeit suggeriert, es liege nur an uns selbst, wie gesund wir sind. Wer auf sich achtet, sich richtig ernährt, regelmäßig bewegt und zur Vorsorge geht, der habe nichts zu befürchten. Gesundheit und Wohlbefinden seien dann quasi garantiert.

Wir können schon einiges dafür, wie es uns geht, und das richtige Verhalten verringert natürlich das Risiko, etwa an Herz-Kreislauf- oder Stoffwechselstörungen zu erkranken. Allerdings nur statistisch. Manche Malaise befällt uns, obwohl wir alles taten, um sie zu verhindern. Und zu viel Konzentration auf das, was uns zustoßen könnte, steht dem Wohlbefinden entgegen. Überinformiertheit erzeugt Beschwerden, Fokussierung auf den Stress macht diesen schwerer erträglich, und Ängste erfinden ihre eigene Bestätigung.

Umso erstaunlicher ist es, wie unbeirrt wir an all dem festhalten. Offenbar gefällt uns die Vorstellung, wir seien die Helden in unserem eigenen Film, so sehr, dass wir die Nebeneffekte des Bewusstseinsfimmels ausblenden. Wir brauchen Erklärungen: Woher kommt dieses Ziehen? Wieso bin ich so schlapp? Was muss ich tun, um wieder voller Elan zu sein? Mit Gelassenheit und Akzeptanz für so manchen Durchhänger wären wir häufig besser beraten als mit dem Furor des Erklären- und Wegmachenwollens.

Ein gutes Beispiel für den zweischneidigen Reiz von Erklärungen liefert die Konjunktur der Hochsensiblen. Das Psychologenpaar Elaine und Arthur Aron prägte diesen Begriff 1997 für eine vermeintlich besonders starke Empfindlichkeit gegenüber Umweltreizen. Sie sei die eigentliche Ursache für stille, introvertierte Charaktere. Die Arons glaubten, dass sich Menschen in ihrer sensorischen Sensibilität unterscheiden, manche würden einfach schnell von Reizen übermannt und könnten sie schlechter ausblenden. Das betreffe nicht nur Licht oder Geräusche, sondern auch die eigenen Gefühle. Auf der Grundlage eines selbst entwickelten Tests schätzten die Arons, dass bis zu jeder Fünfte die Kriterien einer »hypersensiblen Person« (HSP) erfülle.

Dieses Label ist bis heute allerdings nicht anerkannt, weder als Persönlichkeitsmerkmal noch als Störung. Als diagnostisches Kriterium eignet es sich kaum, und die Bereitwilligkeit, mit der viele Menschen dieses Etikett für sich in Anspruch nehmen, stimmt Experten skeptisch. Ähnlich wie bei Burnout, ADHS oder dem Asperger-Syndrom (einer milden Autismus-Variante) gilt: Sobald sich ein angebliches Defizit als besondere Auszeichnung umdeuten lässt, wächst die Zahl der Betroffenen sprunghaft. »Ich bin kein Hypochonder, ich registriere meine Umwelt nur intensiver als andere! Und außerdem kann ich gar nichts dafür, denn meine Feinfühligkeit ist genetisch bedingt.«

Hochsensible richten ihr Augenmerk besonders auf negative Emotionen.[152] Sind sie verstimmt, ängstlich oder erschöpft, achten sie stärker darauf als »normale« Menschen. Offenbar wenden sie Strategien, die unser Unbehagen normalerweise lindern, weniger an. Dazu zählen vor allem Akzeptanz (»Heute ist nicht mein Tag«), Umbewertung (»So schlimm ist das auch wieder nicht«) oder Selbstdistanzierung (»Ein Indianer kennt keinen Schmerz«).

Wer heilt, hat recht

Zugegeben, manche Menschen gehen allzu unbedacht mit Risiken um. Sie rauchen zum Beispiel, trinken, essen zu fett oder bewegen sich zu wenig – oder alles auf einmal – und glauben, der Krebs oder Herzinfarkt werde schon an ihnen vorbeigehen. Wer das aus purer Ignoranz tut, der sollte sich die möglichen Folgen seines Handelns bewusst macht. Das wäre mindestens ein erster Schritt in die richtige Richtung. Aber wissen es die Betreffenden wirklich nicht besser? Nagt an ihnen nicht häufig das schlechte Gewissen? Und trotzdem ändern sie nichts, sondern legen sich wohlfeile Ausflüchte zurecht. Die Konfrontation mit den eigenen Lastern und Verfehlungen erzeugt Reaktanz, jenen fast kindlichen, irrationalen Trotz, an dem schon viele gut gemeinte Aufklärungskampagnen gescheitert sind.

Sich auf sich selbst zu konzentrieren und sich bewusster wahrzunehmen, ist nicht per se schlecht. Es kann auch dann durchaus hilfreich sein, wenn es darum geht, psychische Probleme zu überwinden oder ihnen vorzubeugen. Wer zu viel grübelt und in eine Depression zu rutschen droht, der sollte jene Momente, in denen das Grübeln von ihm Besitz ergreift, zu erkennen lernen und Alternativen einüben. Auch Angstpatienten verlernen ihre Furcht meist nur, wenn sie deren Aufkeimen frühzeitig bemerken. In ein Flugzeug oder einen voll besetzten Aufzug steigen, vor anderen frei sprechen oder das Krabbeln einer Spinne auf der Haut ertragen: Sich solchen Situationen auszusetzen, anfangs natürlich behutsam und mit Unterstützung, ist unerlässlich, um die Angst als Fehlalarm zu begreifen und nach und nach abzustreifen.

Der Sinn und Zweck von Psychotherapie besteht darin, dass sie Menschen, die problematische Verhaltensmuster zeigen, mit nützlichen Fiktionen ausstattet. Für den Münchner Psychoanalytiker Wolfgang Schmidbauer unterscheiden sich heutige Therapeuten in dieser Hinsicht kaum von Schamanen. Beide stiften plausible Geschichten, die ein Leiden in die Biographie des Menschen einzubetten und so zu überwinden helfen. Solche heilsamen Narrative machen die eigene Schieflage verständlich, so dass man sie ohne Scham und Schuldgefühle annehmen kann. Die Vorstellung, eine Neigung zur Melancholie oder Ängstlichkeit lasse sich komplett abstellen oder »reparieren«, ist dagegen unrealistisch. Niemand kann aus seiner Haut, aber jeder kann es sich darin ein wenig bequemer machen. Schon Sigmund Freud erklärte in der für ihn typischen Süffisanz, Psychotherapie sei nichts weiter als der Versuch, neurotisches Leiden in alltägliches Unglück zu verwandeln.

Erklärungen stillen einerseits unser Bedürfnis nach Orientierung; andererseits können sie eine Keimzelle für Irrglauben sein. Nicht umsonst stützen Psychiater ihre Diagnosen heute nicht mehr auf feste Entstehungsmodelle für Störungen. Das soll der Mythenbildung vorbeugen: Wer den Grund eines Übels allein in Kindheit, Karma oder Konditionierung sieht, versteift sich zu leicht auf einseitige Dogmen. Ein Blick in die Medizingeschichte lehrt, wie viel Unheil schon so manche gut gemeinte Heilpraktik stiftete. Von Aderlass und Schröpfkuren bis zur Familienaufstellung – die Liste der (oft gut gemeinten) Lehren, die unnötiges Leiden über die Menschen brachten, ist lang.

Nach dem Prinzip der Evidenzbasierung sollte sich jede Therapie in methodisch wasserdichten Tests als wirksam erweisen. Das ist aus mehreren Gründen gar nicht so einfach wie es klingt. So ist der Placeboeffekt – also die Tatsache, dass bereits bloße Zuwendung, Aufmerksamkeit und fachliche Autorität Patienten guttut – ein nicht zu unterschätzender Faktor. Um ihn auszulösen, bedarf es nicht einmal der dezidierten Annahme, dass einem geholfen werde – schon ein bloßes Ritual wie das Pillenschlucken genügt. Das zeigte der Mediziner Ted Kaptchuk, indem er wirkstofffreie Pseudopräparate gut lesbar mit dem Label »Placebo« beschriftete. Trotz des deutlichen Winks, dass sie zur Kontrollgruppe gehörten, schlug das Mittel bei Patienten mit Reizdarm-Syndrom oder klinischer Depression an.[153] Pillen helfen, egal was drin ist.

Es gibt aber noch banalere Gründe für das Grassieren zweifelhafter Heilmethoden. Wie der klinische Psychologe Jürgen Margraf von der Universität Bochum einst ironisch bemerkte, habe alles, was wirkt, auch Nebenwirkungen – außer der Psychotherapie. Dass so gut wie nie über negative Effekte, beispielsweise die Verschlimmerung von Symptomen, berichtet werde, könne nur zweierlei bedeuten: Entweder die »Redekur« tue immer nur gut oder sie wirke gar nicht. Beides ist unwahrscheinlich. Die makellose Bilanz rührt eher daher, dass Wirksamkeitsbelege meist nur jene Adepten vorlegen, die die jeweilige Methode auch selbst praktizieren und von ihrem Nutzen überzeugt sind.

Womit wir wieder beim magischen Denken wären. Zu den beliebtesten Verbündeten der Wunderheiler zählen unsichtbare Energieströme. Jene geheimnisvollen Kraftadern, die laut der traditionellen chinesischen Medizin (TCM) unseren Organismus durchziehen, die Meridiane, sind physiologisch nicht nachweisbar. Nach allen bekannten Fakten über Aufbau und Funktion unseres Körpers ist die Existenz solcher Kanäle, deren Blockade krank mache, auch nicht wirklich einleuchtend. Psychologisch aber ist die Idee einer in uns flottierenden Lebensenergie höchst attraktiv. Womöglich wirkt etwa die Akupunktur nicht aufgrund, sondern *trotz* solcher Theorien. Eine Methode kann funktionieren, auch wenn ihre Begründung fragwürdig ist! Ähnliches gilt für die sogenannte Atemtherapie. Ihre Vertreter glauben, die Konzentration auf den eigenen Atem fördere verschüttete Traumata wie das der Geburt wieder zutage – und heile sie praktischerweise auch gleich. Dass der wohltuende Effekt vielmehr der Entspannung durch die meditativen Atemübungen geschuldet ist, spielt keine Rolle.

So erweist sich auf dem Feld der Gesundheits- und Heilslehren das assoziative Denken, das nicht analysiert, sondern kreativ verknüpft, als Stärke: Es liefert zwar keine Wahrheit, aber es schafft Linderung. Und wer heilt, hat schließlich recht.

Intermezzo: Der Philosoph

Zu viel denken – das sollten eigentlich jene am besten kennen, die es von Berufs wegen tun: Philosophen. Mein Freund Philipp ist so einer. Mit Doktortitel und allem Drum und Dran. Er bringt an einer Universität dem Nachwuchs das Denken bei, so wie er es versteht.

Zuerst sieht er mich schon etwas verblüfft an, als ich ihn frage: *Wie denkst du bei deiner Arbeit, Philipp – beschreib mal!* »Ich denke an Texten entlang«, antwortet er. »Man stellt sich Philosophen gerne so vor, dass sie immer in die Luft gucken oder auf einen Punkt irgendwo in der Ferne starren. In Wirklichkeit haben sie meist einen Haufen Bücher um sich herum. Wir beziehen uns immer auf andere und entwickeln Gedanken in Auseinandersetzung mit dem, was zuvor gedacht wurde.«

Vom Alltagsdenken unterscheide sich das vor allem in der Intensität, erklärt Philipp weiter. Beim Philosophieren bewege man sich immer auf mehreren Ebenen gleichzeitig, denn es sei immer auch Denken über das Denken. »Man muss im Blick behalten, wie eine Frage in den überlieferten Problemen und ihrer Geschichte verwurzelt ist. Manchmal ist das richtig anstrengend, wie körperliche Arbeit.«

Kann man beim Philosophieren auch zu viel denken?, will ich von ihm wissen. Philipp überlegt. »Ja, eine typische Erfahrung ist das Nichtaufhörenkönnen. Wenn ich den Tag lang denke und schreibe, kann es schwierig sein, das zu stoppen, wenn ich abends Freunde treffe oder ausgehe. Man kann das Denken nicht einfach abschalten. Es lässt sich aber beeinflussen, zum Beispiel durch Bewegung, Spazierengehen, die Sinne anregen mit gutem Essen oder ganz banal beim Fußballgucken.«

Kontrollierst du dein Denken oder passiert es einfach?
»Vieles kommt einfach über mich, oft wenn ich gerade nicht

arbeite – beim Einkaufen, nachts im Bett oder mitten im Gespräch. Deshalb habe ich immer ein Notizbuch dabei. Woher genau eine zündende Idee, der gute Einfall kommt, das ist ja das große Rätsel. Aber die Auseinandersetzung mit dem Text sorgt schon dafür, dass man nicht einfach drauflos denkt. Es gibt zwar auch solche Drauflosdenker, aber die sind meistens nicht so spannend. Man braucht Material für das eigene Denken, muss an Vorläufer und Traditionen anknüpfen. Es gibt diesen Spruch: Wir stehen auf den Schultern von Riesen. Ist zwar einerseits ein Klischee, aber da ist schon was Wahres dran.«

Und was macht gutes, produktives Denken für dich aus? »Ich finde, da kommt es auf die Mischung an, die richtige Balance aus Eigenem und Fremdem. Sich einem Vorbild anzuschließen, im Jargon gefangen zu sein, das hemmt das Denken. Es geht ja nicht darum, jemandes Fan zu sein. Philosophie ist am besten, wenn sie ein bisschen schräg zum bisherigen Denken steht.«

Manche, wie Martin Heidegger, haben klug gedacht und hingen dennoch sehr dummen Ideen an – wieso? »Viele große Philosophen denken so viel, dass ihnen nach und nach alle etablierten Meinungen suspekt sind. So werden sie mit der Zeit immer radikaler. Das war zum Beispiel auch bei Nietzsche der Fall. Die richtig dummen Ideen sind dabei meist politischer Art. Paradoxerweise entstehen die oft dann, wenn Philosophen versuchen, die Spannung zwischen Philosophie und Politik aufzulösen, indem sie sich andienen oder eine ganz neue Politik begründen wollen. Dass Heidegger den Nazis zuneigte, lag auch daran, dass er meinte, als Philosoph ›den Führer führen‹ zu können. In der gleichen Zeit gab es andere, die eine rationale sozialistische Gesellschaft erschaffen wollten. Auch heute verstehen viele die Philosophie als ein Versuchslabor für radikale Politik. Ich halte etwas mehr Distanz für ratsamer.«

Überschätzen Philosophen die Macht des Denkens?

»Punktuell vielleicht. Aber umgekehrt *unter*schätzen Psychologen es oft, weil sie nicht im historischen Kontext denken. Ein paar Laborexperimente liefern noch keine Antworten auf die großen Fragen der Menschheit.«

Das stimmt, räume ich, der Psychologe, ein. »Nonsense auf Stelzen«, wie es der britische Philosoph Jeremy Bentham (1748–1832) nannte, findet man eben überall. Nachdem wir uns darauf geeinigt haben, gehen Philipp und ich noch ein Bier trinken – und Fußball gucken.

5. Kapitel
EPIPHANIE oder Die Macht der guten Momente

Lieber Gott, mach, dass das nicht wahr ist! Nicht jetzt, wo wir so nah dran sind. Sekunden vor Schluss lagen wir nur einen einzigen Zähler hinten. Das allein war schon ein Wunder, aber da stand es in leuchtenden Ziffern an der Anzeigetafel: Heim 51, Gast 50. Noch 15 Sekunden zu spielen. Matthias hatte den Ball. Er fuhr seinen rechten Arm aus und verdrehte den Oberkörper. Das konnte nur eins bedeuten: Er setzte zu einem seiner gefürchteten Hakenwürfe an. Ich sah zu Volker hinüber, unserem Kapitän. Er rollte mit den Augen, als wollte er sagen: Nicht zu fassen, dieser Trottel! Noch ein Blick zur Tafel. 13 Sekunden.

Matthias liebte diese Wurftechnik. Er brachte sie in jedem Spiel unseres Basketballteams mindestens einmal an. Im Training traf er sogar ganz passabel, da versenkte er vielleicht jeden dritten oder vierten Ball. Aber in einem Punktspiel, wenn es drauf ankam, hatte er noch nie getroffen. Noch nie! Wir würden wieder verlieren. Dabei waren wir so nah dran. Ein ruhig herausgespielter Korbleger, dann enge Manndeckung – das wär's. Aber nein, ausgerechnet mit einem von Matthias' Hook-shots verabschiedeten wir uns von dem Traum, auch einmal ein Spiel zu gewinnen.

Unser Trainer meldete uns aus Prinzip immer bei den Top-Teams des Berliner Schulbasketballs an. »Als Motivationsspritze«, wie er sagte. Nur fanden wir es alles andere als motivierend, immer gegen Mannschaften anzutreten, die zur einen Hälfte aus Zwei-Meter-Hünen und zur anderen aus quirligen Dribbelkünstlern bestanden. Unsere Amateurtruppe hatte nie den Hauch einer Chance. Nur dem Trainer war das anscheinend egal.

Während Matthias seinen gestreckten Arm im weiten Bogen über den Kopf führte, rollte der Ball über die Hand ab. Im letzten Moment gab er ihm mit den Fingerspitzen einen Spin mit, und wir sahen alle wie hypnotisiert der rotierenden Kugel hinterher. Fupp! Der Ball glitt durch das Netz wie ein Messer durch Butter. Drin. Drin? DRIIIIINNNN!!!

Wir stürzten uns auf Matthias, lagen uns in den Armen und konnten es nicht fassen. Der Mistkerl hatte tatsächlich getroffen. Die letzten Sekunden des Spiels vergingen irgendwie. Abpfiff, Blick zur Anzeigetafel: 51 zu 52. Gewonnen! Okay, es war sicher nicht der schönste Moment in meinem damals noch jungen Leben. Aber schon ziemlich nahe dran.

Ein schnödes Ballspiel, mehr nicht? Keine große Liebe, keine existentielle Notlage – nur ein pubertärer Siegestaumel? Für mich bedeutete dieser Augenblick weit mehr als das. Es ging nicht bloß um einen unwahrscheinlichen Sieg, es ging um Gemeinschaft, Mut und um die Tugend des Eigensinns. Matthias, dieser Dickkopf, hatte es uns allen gezeigt. Es war, als ob all die Jahre des Scheiterns, in denen er es immer wieder vergeblich versucht hatte, in denen er sich der Lächerlichkeit preisgegeben und den Zorn oder zumindest das Kopfschütteln seiner Freunde und Mitspieler erregt hatte, als ob sein ganzes, absurdes Bemühen auf einmal Sinn ergab.

Sport bewegt viele Millionen – Menschen und Euro. Er ist das größte Showbusiness der Welt. Ganze Nationen fiebern mit, wenn Winzigkeiten über Sieg und Niederlage entscheiden, und verehren ihre Helden wie Götter. Dabei gibt es kaum etwas Alberneres als einen Haufen Leute, die einem Ball hinterherjagen oder sonstwie um die Wette hecheln. Das Geheimnis sind die Emotionen, die das weckt. Hoffen, Bangen, Erdulden, Kampfeswille, Gemeinschaft, Schmerz, Erschöpfung und Triumph – sie nehmen Zuschauer und Aktive gefangen, faszinieren mehr als jede kühle Vernunft. Viele wollen nicht nur dabei zusehen, sondern es selbst erfahren, ob beim Laufen, Tanzen oder beim Feierabendkick mit Freunden. Während sie sich dem Rausch der Bewegung und der Selbstüberwindung hingeben, vergessen sie alles andere um sich herum.

Neudeutsch nennt man das Flow. Diesen Begriff prägte der amerikanisch-ungarische Psychologe Mihalyi Csikszentmihalyi 1990 in seinem gleichnamigen Buch.[154] Das Konzept hatte viele Vorläufer, etwa den Pädagogen Kurt Hahn (1886–1974), der von »schöpferischer Leidenschaft« sprach. Doch erst das griffige Schlagwort Flow machte die Sache populär. Sie wurde zu einem schillernden Ideal, von dem viele Menschen in ihrem gleichförmigen Alltag träumen.

Bereits Mitte der 1970er-Jahre hatte Csikszentmihalyi empirisch untersucht, wann und wie wir in jenen sonderbaren Zustand geraten, in dem das Bewusstsein ganz vom jeweiligen Tun eingenommen wird. Sportler, Musiker, Künstler, Forscher, auch Handwerker sowie fast alle kreativ Schaffenden kennen das Gefühl des anstrengungslosen Einswerdens, den freien Fluss der Einfälle und Handgriffe. Alles läuft dann wie von selbst ab, man steuert es nicht mehr bewusst.

Eine wichtige Voraussetzung dafür ist laut Csikszentmihalyis Ergebnissen, dass die betreffende Tätigkeit weder zu leicht noch zu schwer ist. In der goldenen Mitte zwischen Anstrengung und Langeweile stellt sich das tranceartige Erleben am ehesten ein. Dazu eignet sich vieles; vor allem Dinge, die man aus eigenem, intrinsischem Antrieb verfolgt. Wer dagegen extrinsisch motiviert ist, sich nur anderen zuliebe oder um einer Belohnung willen engagiert, der findet zumindest deutlich schwerer in den Flow.

Eine weitere Quelle solcher Erfahrungen neben dem Sport war für mich das Theaterspielen. Ich habe es nur ein Mal ausprobiert, in einer Laienschauspieltruppe, in die ich durch Zufall hineingeraten war. Wir führten eine englische Weihnachtskomödie auf, ein triviales kleines Stück, aber angesichts meines bescheidenen Schauspieltalents war das Herausforderung genug. Ich machte dabei eine bemerkenswerte Entdeckung: Man kann nur dann auf der Bühne spielen, wenn man die Kontrolle abgibt. Den Text, die Choreographie, die ganze Dramatik des Stücks überblickt man niemals, nicht einmal den eigenen Part. Man muss vielmehr einen Zustand herbeiführen, in dem sich alles von Moment zu Moment entfaltet, mit allen Macken und Unwägbarkeiten. Das funktioniert, wenn man gleichzeitig konzentriert und offen ist und darauf vertraut, dass im richtigen Moment der Einsatz, die Geste und Mimik schon »kommen« werden. Alles ergibt sich aus dem jeweiligen Augenblick. Der Schauspieler spielt seine Rolle eigentlich nicht, er lässt sie mit sich geschehen. Die damit verbundene Selbstüberschreitung löst ein intensives Hochgefühl aus.

Eine dritte Möglichkeit, mich selbst zu vergessen, bot mir das Dolmetschen. Es ist geradezu ein Paradebeispiel für das automatische Denken. Während sie die Fremdsprache im Ohr haben, öffnen Dolmetscher den Mund und sprechen einfach mit; sie hören, verstehen und übersetzen, und das alles gleichzeitig. Das fühlt sich an, als würde man sich in ein Medium verwandeln.

Kein Dolmetscher weiß in diesem Moment so ganz genau, was er da von sich gibt. Die Kapazität des Arbeitsgedächtnisses reicht nicht aus, um den Inhalt des Gesprochenen bewusst zu verarbeiten. Die Gedanken des Sprechers ziehen vielmehr durch einen hindurch und wechseln unterwegs nur die Kleider. Ein beinahe meditativer Zustand.

Poesie des Augenblicks

Sind Sie religiös? Ich bin es nicht. Ich glaube weder an Gott noch an irgendeine andere höhere Macht. Paradies und Vorsehung sagen mir wenig, Hölle und Verdammnis gleich gar nichts. Doch es gibt etwas, das mir eine quasi-religiöse Ehrfurcht einflößt. Ich glaube an den Zauber besonderer Augenblicke. Jener Momente, wenn auf einmal alles zusammenpasst, wenn die Zeit stillsteht und man das Gefühl hat, eins zu werden mit ... – ja, womit? Mit sich selbst? Mit dem eigenen Tun? Mit der Welt?

Die Welt, das ist nichts, was man begreifen könnte. Es ist eine Fiktion, eine groteske Übertreibung. Wir stutzen uns die flirrende Gleichzeitigkeit der Dinge zurecht und deklarieren jenes Fitzelchen davon, das wir umreißen können, zu *der* Welt. Als könnte man die ungeheuere, überbordende Fülle des Lebens auch nur annähernd im Hier und Jetzt fassen. Doch genauso fühlt es sich an, in diesen besonderen Augenblicken.[155]

Ich habe sie schon erlebt. Nicht sehr oft, aber oft genug, und ich wette, Sie auch. Der Auslöser ist häufig unspektakulär – eine Begegnung, der Klang einer Stimme, eine flüchtige Bewegung. Und solche Erlebnisse dauern meist nur kurz. Kaum wird man sich ihrer gewahr, sind sie schon vorbei. Aber sie hallen nach.

Solche Augenblicke lassen sich auf vielfältige Weise evozieren. Früher waren das die Domäne der Kunst und der Religion, heute nimmt es oft profanere Formen an: als Popkonzert, als Partie des eigenen Sportklubs oder als gemeinschaftliches Engagement für eine Sache. Der Philosoph Martin Seel spricht von »Abstandspraktiken«. Durch sie lassen wir »aus freien Stücken etwas mit uns geschehen, das wir uns niemals hätten einfallen lassen können«. Seel beschreibt die Erfahrungen, die wir dabei machen, als »etwas, worauf man vertrauen kann, das Autorität über mich hat, das über mich hinausgeht, das nicht in meiner Macht liegt und mir gerade darum Gewissheit, Stärke und manchmal auch Macht verleiht«.[156]

Über sich selbst hinauszugehen gelingt am ehesten in der Gemeinschaft mit anderen, gleichgesinnten Menschen. Die damit verbundene Selbstdistanzierung lässt uns einen größeren Rahmen erkennen, der über den Einzelnen hinausweist. So können wir uns aus der »Fixierung auf das eigene Meinen und Wünschen« lösen, wie Seel schreibt.[157]

Manche Zeitgenossen schrecken davor zurück. Sie fürchten, die Kontrolle zu verlieren und sich zu Dingen hinreißen zu lassen, die sie später bereuen könnten. Darin liegt die Ambivalenz der Selbstvergessenheit: Was uns über uns selbst erhebt, erregt zugleich Angst. Seel hält dem eine einfache Formel entgegen: »Es kann uns nur etwas an uns liegen, wenn uns nicht zu viel an uns liegt.«

Ich kenne Sie nicht und weiß nichts über Sie, aber eines steht fest: Sie lesen. Herzlichen Glückwunsch! Diese uralte Kulturtechnik ist noch immer die beste Art, die Grenzen des eigenen Denkens zu überschreiten. Lesend lassen wir uns von fremden Ideen einnehmen und sehen die Welt mit anderen Augen. Egal, wo Sie es gerade tun, ob in der ruckelnden Bahn, auf der Picknickdecke im Park oder zu Hause auf dem Sofa – sobald die Lektüre Sie einfängt, blenden Sie die umgebende Realität aus, tauchen ein in die Fiktion und in die Fülle Ihrer Assoziationen. Auch das ist nichts anderes als Selbstvergessenheit.

Das Faszinierende daran: Es geschieht automatisch, ohne bewusste Kontrolle. Wir können gar nicht anders, als ein Wort, das vor unseren Augen erscheint, zu entziffern und es mit Sinn zu füllen; nur *wie* wir das machen, ist bis heute ein Rätsel.

Warum uns manche Geschichten fesseln, während uns andere eher kalt lassen, untersuchte der Psychologe Ara Norenzayan. Er verglich bekannte Märchen wie »Schneewittchen« mit solchen, die nur eingefleischten Fans etwas sagen. Was die erfolgreichen von den weniger erfolgreichen Geschichten unterschied, waren die Ungereimtheiten, die sie enthielten. Wenn Bäume sprechen oder Feen Gedanken lesen, geht das nicht mit rechten Dingen zu, doch ganz unvorstellbar ist es auch nicht. Konzepte, die weder zu gewöhnlich noch zu abgedreht sind, nennt man minimal kontraintuitiv. Das Gehirn reagiert hochsensibel auf solche Verblüffungen. Schon nach rund 400 Millisekunden schlägt die Hirnstromkurve mit einem typischen Signal aus, viel schneller als etwa bei der Pointe eines Witzes. Weniger verbreitete Märchen enthielten nach Norenzayans Auswertung kaum oder keine derartigen Überraschungsmomente oder sie stellten die Phantasie der Leser auf eine zu harte Probe.

Auf einer Poetik der magischen Momente fußt auch das Werk des irischen Dichters James Joyce (1882–1941), Autor des Romans *Ulysses*, eines Klassikers der Moderne. Joyce erzählt darin quasi in Echtzeit einen Tag (es ist der 16. Juni 1904) im Leben des Dubliners Leopold Bloom. Ein Motiv, das schon in seinem Frühwerk *Stephen Hero* auftauchte, kehrt im *Ulysses* wieder: die Idee der Epiphanie. So bezeichnet Joyce »plötzliche Manifestationen des Geistes«[158], Eingebungen, die aus dem Fluss der Zeit herausstechen. »Offenbarungen der Wahrheit eines Dinges« nennt sie der Joyce-Biograph Richard Ellman.[159] Gemeint sind keine Glücksmomente im landläufigen Sinn, sondern Augenblicke, in denen der Mensch zu sich selbst kommt.

Joyce führte ein Skizzenbuch, in dem er solche Begebenheiten notierte. Es enthält zumeist knappe, nüchterne Alltagssplitter, triviale Ereignisse und Dialoge. Für den Dichter waren das Anstöße, Reibungspunkte, in denen sich die »äußere Realität für den Betrachter mit transzendenter Bedeutung auflädt«, wie der britische Autor und Literaturkritiker David Lodge erklärt.[160] Auffälligerweise sind Joyces Epiphanien rein äußerliche Beschreibungen. Solche erhebenden Momente schlummern nicht irgendwo in unserem Inneren; wir schöpfen sie vielmehr aus dem, was uns umgibt.[161]

Ursprünglich bezeichnet der Begriff Epiphanie (vom griechischen *epiphaneia* = Erscheinung) in der christlichen Theologie die Offenbarung des Göttlichen, das irdische Gestalt annimmt und für den Menschen leibhaftig erfahrbar wird. Nach dieser Lesart kreuzen sich hier die göttliche und die irdische Sphäre und der Mensch erhascht einen Blick auf jenes höhere Sein. (Daher auch Epiphanias als Name für den Tag, als die heiligen drei Könige das Jesuskind in der Krippe erblickten.)

Epiphanien oder, einfach gesagt, die besonderen Momente im Leben, besitzen eine große Macht. Sie können Sinn stiften. Worum geht es Ihrer Meinung nach im Leben? Möglichst viel zu erleben? Kinder großzuziehen? Es zu etwas zu bringen? Für andere da zu sein? Früher war Sinn eng an Familie, Tradition und die »guten Sitten« gebunden. Sie galten mehr als das individuelle Glücksstreben. Heute wird uns oft schmerzlich bewusst, dass es *einen* Sinn des Lebens nicht gibt, sondern viele. Nie zuvor umgab uns eine solche Fülle an potentiellen Sinnstiftern, und noch nie dürsteten wir so sehr nach Orientierung.

Epiphanische Augenblicke können hier einen Weg weisen, denn sie helfen uns, die eigene Nische zu finden: Ich entdecke, was mir liegt und wofür ich brenne, indem ich mich von meinem Tun verzaubern lasse und solche »guten Momente« suche. Was mich hinreißt, darin werde ich so schlecht schon nicht sein. Doch um sich darauf einzulassen, muss man das ewige Effizienzstreben und Kosten-Nutzen-Rechnen ruhen lassen.

Der Dichter Friedrich Schlegel (1772–1829) umschrieb das in seinem Roman *Lucinde* von 1799 in typisch romantischer Überhöhung so: »Der Fleiß und der Nutzen sind die Todesengel mit dem feurigen Schwert, welche dem Menschen die Rückkehr ins Paradies verwehren. Nur mit Gelassenheit und Sanftmut, in der heiligen Stille der echten Passivität kann man (...) die Welt und das Leben anschauen.« Diese Stille erreiche nur, wer »sich der Einwirkung irgendeines Genius ganz überlässt und hingibt«.

Einwirkung eines Genius ist nur ein altmodischer Ausdruck für etwas recht Banales: Leidenschaft, Hingabe, Selbstvergessenheit eben. In unserer als »Spaßgesellschaft« verschrienen Eventkultur wird das oft skeptisch beäugt. Doch bei allem Grübeln über den Sinn des Lebens sollten wir nicht vergessen, wo wir ihn zuallererst finden: im *lustvollen Tun*.

Spiel dich schlau!

Es muss ein 19. September gewesen sein, irgendwann Anfang der 1980er-Jahre. Ich bekam von meinen Eltern zum Geburtstag dieses coole Lego-Piratenschiff geschenkt und stürzte mich sofort ins Abenteuer – eine Seeschlacht, wie sie mein Kinderzimmer noch nicht gesehen hatte! Der Kapitän und seine Crew kämpften für das Gute (was auch immer das war), doch gegen die feindliche Übermacht waren sie chancenlos. Kanonenkugeln schlugen donnernd in die Schiffsplanken ein, bis ein Freund nach dem anderen im Tumult fiel. Schließlich war es auch für den Kapitän Zeit, von Bord zu gehen – doch nicht ohne den Oberschurken mit in die Tiefe zu reißen. Was für ein Augenblick!

Ich weiß noch, wie mein Körper bebte, als der Kapitän in den Fluten versank. Vor lauter Schluchzen bekam ich kaum Luft. Erst als meine Mutter zur Tür hereinspähte, bemerkte ich, was ich getan hatte. Allein dank meiner Phantasie und ein paar Plastikfiguren war ich in eine andere Welt eingetaucht. Als ich am Abend erschöpft und glücklich ins Bett sank, hatte ich das Gefühl, Großes vollbracht zu haben.

Jeder von uns kennt solche Erfahrungen und wir wünschten, wir hätten mehr davon. Andererseits bereitet uns diese Vorstellung auch ein gewisses Unbehagen. Wer spielt, der lässt sich von Zufällen davontragen und verliert die Kontrolle. Für Kinder mag das angehen, aber irgendwann ist damit Schluss. Oder nicht?

In seinen Briefen *Über die ästhetische Erziehung des Menschen* formulierte Friedrich Schiller (1759–1805) einst einen Gegenentwurf dazu: »Der Mensch spielt nur, wo er in voller Bedeutung des Wortes Mensch ist, und er ist nur da ganz Mensch, wo er spielt.« Diese Erkenntnis, so Schiller, trage »das ganze Gebäude der ästhetischen Kunst und der noch schwürigern Lebenskunst«.[162] Für den Dichter war das Sichentrücken im Spiel wie in der Kunst noch gleichbedeutend mit der Besserung des Menschen. Indem sich er hingibt, entdeckt er sich selbst.

Gut 200 Jahre später belegt die psychologische Forschung: Spielen macht kreativ und glücklich – in jedem Lebensalter. Es fördert eine ganze Palette an kognitiven, emotionalen und sozialen Fähigkeiten. »Die besten Ideen entstehen, wenn wir das Grübeln einstellen, wenn wir loslassen und unsere Gedanken sich selbst überlassen«, schreibt die Journalistin Christina Berndt.[163] Beim Spielen lösen wir die Bremse im Kopf; wir verabreden eine simple Regel und der Zufall tut den Rest. Spielen ist Serendipität im Kleinen. Es beschert uns unverhoffte Einfälle, auf die wir anders nie kämen.

Zu spielen liegt nicht umsonst in unserer Natur. Alle höheren Spezies, selbst Wirbellose wie Kraken, spielen. Wenn es sich nicht bewährt hätte, würde es kaum so breiten Raum einnehmen: Jungtiere erproben so die Fähigkeiten, die sie fürs spätere Leben brauchen, aber auch im reifen Alter hilft es, flexibel im Kopf zu bleiben. Das Gehirn von Nagern kurbelt, kurz nachdem die Tiere miteinander spielten, die Produktion eines Stoffs an, der das Wachstum neuer Nervenzellen, die Neurogenese, fördert.[164] Der Dünger für die grauen Zellen heißt *brain-derived neurotrophic factor* (BDNF). Und Nachschub an Neuronen ist unerlässlich, damit sich das Gedächtnis laufend neu formiert und Erinnerungen bildet.

Spielen ist ein Grundbedürfnis, das die geistige Entwicklung entscheidend prägt. Laut dem Kreativitätsforscher Marc Runco sind Kinder, die viel spielen, im Schnitt sozial kompetenter, werden besser mit Stress fertig und lösen Probleme leichter.[165] Umgekehrt zeigen Menschen, die von klein auf kaum oder gar nicht spielen, häufiger psychopathische Züge. Runco rät auch Erwachsenen, jeden Tag etwas Zeit für »nutzloses Tun« zu reservieren. Wir brauchen einen Schonraum für gedankliche Kapriolen: herumalbern, tüfteln, ausprobieren. Vom Brettspiel bis zum *massively multiplayer online game* (MMOG) gibt es eine Fülle verschiedener Spielformen. Je stärker strukturiert sie sind, desto mehr kognitive Kontrolle beanspruchen sie. Die Doppelkopfrunde weicht heute neuen Trends: *Geocaching* etwa – Schnitzeljagd per GPS – oder *Live Escape*, ein aus Japan importiertes »Reality-Abenteuer«, bei dem sich Teams an geheimen Orten einsperren lassen und mit Hilfe von vorbereiteten Hinweisen ihre Flucht planen. Auch wenn sich die Formen wandeln, ein zentraler Aspekt bleibt: Im Spiel üben wir, mit Niederlagen umzugehen. Auch das eine wichtige Lektion fürs Leben.

In der schwindenden Gelegenheit zum freien Spielen sehen Forscher einen Grund dafür, dass kreative Leistungen in Kindergarten und Schule zurückgehen. US-amerikanische Psychologen werteten im Jahr 2011 Daten von mehr als 270 000 Kids vom Kindergarten bis zur zwölften Klasse aus.[166] Die Studie umfasste sechs Testzeitpunkte zwischen

1966 und 2008, an denen der Ideenreichtum im Umgang mit Sprache und geometrischen Figuren geprüft wurde. Resultat: Seit 1990 sank die Zahl der von den Kindern produzierten Einfälle kontinuierlich. Der Verdacht, es könnte sich um einen Methodenfehler handeln, etwa weil das eingesetzte Verfahren veraltet sei, erhärtete sich nicht: Der *Torrance-Test*, eine Batterie von Aufgaben, die die Fülle, Originalität, Elaboriertheit, Abstraktion und Flexibilität von Einfällen messen, zeigt ein stabiles Muster. Der Langzeitstudie zufolge nahmen in den letzten 25 Jahren vor allem die Zahl und Detailliertheit der generierten Ideen ab.

Besonders für Kinder ist wichtig, was im Englischen »rough-and-tumble play« heißt, also Herumtollen und Raufen. Wie Entwicklungspsychologen feststellten, bleibt heute immer weniger Zeit für dieses unreglementierte freie Spielen.[167] Nicht, dass der Nachwuchs weniger Anregungen als früher erhielte. Im Gegenteil, die Terminkalender mancher Grundschüler sind prall gefüllt mit Trainings, Musikunterricht und anderen »Freizeitangeboten«. Doch meist handelt es sich um organisierte Aktivitäten, deren Rahmen vorgegeben ist. Es macht aber einen Unterschied, ob man durchstrukturierte Regeln und Übungen an den Nachwuchs heranträgt oder ob er sie selbst erfindet.

Diesseits des Jenseits

»Wenn ein Mensch stirbt, kommt er auf eine Straße, eine Art Sprungschanze. Er nimmt Anlauf und fliegt von dort in den Himmel. Im Himmel ist es ganz weiß und neblig. Sonst sieht es aber genauso aus wie auf der Erde. Es gibt Häuser und sogar Strom. Allerdings gibt es keine Ecken, alles ist rund und weich. Alle Menschen und Tiere haben Flügel und können fliegen. Menschen haben außerdem einen Lichterkranz auf dem Kopf, weil es sich so gehört und damit sie besser gesehen werden. Alle dort sind sehr glücklich und es gibt keine Feindschaft.«

Diesen Bericht einer Neunjährigen protokollierten die Pädagoginnen Roswitha Sommer-Immel und Melanie Maksim.[168] Sie befragten Kinder über den Tod. Wie stellten sich die Kleinen das Ende vor? »Kinder glauben häufig, der Tod sei die Folge von etwas, das von außen kommt. Deshalb sind viele Vorschüler überzeugt, er wäre vermeidbar, wenn man sich vorsichtig verhält, wenn man sich vor ihm versteckt – oder etwas Böses wegzaubert«, so die Forscherinnen. Mit zunehmendem Alter nehme der Tod dann immer konkretere Züge an. »Grundschüler neigen dazu, sich den Tod als Gestalt vorzustellen, etwa als Skelett oder Sensenmann. Manche stellen ihn sich auch als etwas vor, in das man abstürzt, als Loch, Abgrund oder Keller.«

Schon Kinder offenbaren einen Hang, der uns auch im Erwachsenenalter auszeichnet: Wir suchen Erklärungen für das Unerklärliche. Das ist die Wurzel unseres natürlichen Dranges zu Höherem, Übersinnlichem. In einem Experiment ließ der Psychologe Jesse Bering kleine Kinder jeweils allein in einem Raum zurück, in dem sie zuvor an einer kniffligen Aufgabe gescheitert waren. Diese bestand darin, einen Schaumgummiball aus großer Entfernung auf ein Ziel mit Klettband zu bugsieren. Selbst wenn man genau traf, blieb die Kugel selten hängen. Unter dem Vorwand, er müsse etwas holen, verabschiedete sich der Versuchsleiter; die Kleinen sollten es unterdessen weiter probieren. Übung mache schließlich den Meister! Kaum ein Kind widerstand der Versuchung, sobald der Aufpasser weg war, einfach hinüberzugehen und den Ball an die Wand zu heften. Nur unter einer Bedingung trauten sich das die wenigsten: Wenn man ihnen erklärt hatte, eine unsichtbare Fee säße auf einem Stuhl in demselben Raum und beobachte sie!

Die Videos der Kinder, die sich halb ängstlich, halb neugierig umsehen oder mit der Hand den Stuhl der ominösen Fee abtasten, sind amüsant und aufschlussreich zugleich. Sie offenbaren einen Hang, der uns lebenslang begleitet: den zum magischen Denken. Worauf wollen wir nicht alles eine Antwort! Gibt es ein Leben nach dem Tod? Hat der Mensch eine Seele? Folgt alles einer höheren Bestimmung? Sicher wissen können wir das nicht. Was uns freilich nicht hindert, uns allerlei Erklärungen zurechtzulegen.

Laut einer Onlineumfrage von 2015 glauben zwei von drei Deutschen an die Existenz einer unsterblichen Seele.[169] Die Aussage »Es gibt ein Leben nach dem Tod« bejahen 42 Prozent, 18 Prozent glauben an die Wiedergeburt. Spirituelle Bedürfnisse sind auch in der säkularen Gesellschaft kein Auslaufmodell. Je mehr religiöse Praktiken aus dem Alltag verschwinden, vom Tischgebet bis zum sonntäglichen Kirchgang, desto mehr treten andere, stärker individualisierte Glaubensformen an ihre Stelle. Statt traditioneller, an einen festen Regelkanon gebundener Gemeinschaften zählt heute eher die emotionale Verbundenheit – das Aufgehobensein in den Händen einer höheren Macht oder einer spirituellen Grundhaltung. Das beugt Ängsten und Zweifeln vor: Gläubige erleiden im Schnitt weniger Depressionen als Atheisten.[170]

Die Macht des Zufalls bedroht unser Selbstbild als autonome Lenker unseres Lebens. *Wir* wollen bestimmen, wer wir sind und was aus uns wird. Dass es womöglich eher auf die Umstände ankommt, auf das Elternhaus, in das wir hineingeboren wurden, und auf die Menschen, die uns über den Weg liefen, statt auf unser persönliches Talent und unseren Ehrgeiz, diese Vorstellung misshagt uns. Die große Liebe – bloß Zufall? Nein, natürlich war man füreinander bestimmt! Die Karriere – reine Glückssache und eine Frage des Vitamin B? Unsinn, wir haben es uns verdient!

Das Gefühl, man habe sein Geschick selbst in der Hand, ist das Elixier einer gesunden Psyche. Diese Selbstwirksamkeit lässt uns Herausforderungen aktiv angehen und Krisen meistern. Doch man kann es damit durchaus auch übertreiben: Mancher glaubt an »Gesetze der Anziehung«, die jedes Ziel erreichbar machen, wenn man es nur genug will. Die Grenze zwischen gefährlichem Humbug und »gutem« Aberglauben ist oft schwer zu ziehen.

Angeblich hing im Labor des Atomphysikers Niels Bohr ein Hufeisen an der Wand. Von einem Kollegen gefragt, ob er denn so etwas ernst nehme, erwiderte Bohr: »Ich habe gehört, es soll helfen, auch wenn man nicht daran glaubt.« Unsere schärfste Waffe im Kampf gegen die Unbill des Lebens ist das magische Denken. Höhere Mächte besänftigen. Wir fühlen uns geborgen, wenn alles um uns herum einer Bestimmung folgt, selbst wenn wir sie selbst nicht kennen. Der weit verbreitete Glaube an Wunder, Engel und eine höhere Macht, die sich um Wohl und Wehe jedes Einzelnen kümmert, ist eine emotionale Versicherung: Wer dem Übernatürlichen vertraut, dem wird die Welt geheuer.

Wie jeder Mensch habe ich eine übersinnliche Ader. Zu Schulzeiten fragte ich mich, warum ich den bohrenden Blick des Lehrers schon im Nacken spürte, bevor er mich beim Spicken erwischte. Und dass die hübsche Martina aus der 9b so lange zu mir herübersah, bildete ich mir doch unmöglich bloß ein. Zufälle als Zeichen zu deuten ist gut,

solange die Magie nicht zur Manie wird. Leicht überschie-
ßende Assoziationsfreude fördert das Vorankommen. Schon
für unsere Urahnen galt: Besser einen Säbelzahntiger zu
viel gewittert als einen zu wenig. Nicht abwarten, bis Gefahr
droht, sondern ihr zuvorkommen, lautet das Erfolgsrezept.
Aberglaube ist somit das Nebenprodukt einer nützlichen
Grundeinstellung. Er provoziert Irrtümer; aber ein Fehlalarm ist nur ärgerlich, Ignoranz dagegen oft tödlich.

»Obwohl wir eine verzerrte Wahrnehmung der Realität
für schlecht halten, tut uns Aberglaube oft gut«, erklärt der
Neurowissenschaftler Matthew Hutson. Ob Gedankenüber-
tragung, Auralesen oder Seelenwanderung – sich im Besitz
der tiefen Geheimnisse des Universums zu wähnen, hat
durchaus etwas für sich. Wer es übertreibt, der kann aber
auch ins Verderben stürzen – wenn man etwa den Krebs
durch Handauflegen heilen will oder Impfen als Gift fürs
Karma ansieht. Eine weitere Gefahr: Das Gefühl, bei einer
höheren Macht aufgehoben zu sein, nährt leicht in den
Wunsch, diese Macht gegen Anfeindungen zu verteidigen.
So werden jene Theoriegebäude und Glaubenslehren, die
wir uns zurechtzimmern, mitunter wichtiger als das reale
Leben. Der Mensch ist ein Magier wider Willen.

Vom Glück der Gewohnheit

Zurück zu den Niederungen des Alltags. Denken wir wirklich zu viel statt zu wenig? Ist nicht ehcr Gedankenlosigkeit
unser Problem? Wir verschwenden die natürlichen Ressourcen des Planeten, vergiften die Umwelt und zerstören
das Klima, ohne Rücksicht auf künftige Generationen. Wir
essen zu viel oder zu ungesund, rauchen und trinken und

lassen uns vom Fernseher berieseln, statt uns zu bewegen und etwas Sinnvolles mit uns anzufangen. Wir blenden die kritischen Fragen unseres Lebens aus, um uns nicht damit zu belasten. Sollten wir nicht *mehr* nachdenken statt uns derart blind und taub zu stellen?

Ich glaube, dieser Vorstellung liegt ein Missverständnis zugrunde: Wir halten uns für viel rationaler, als wir sind. *Wenn ich merke, dass etwas falsch läuft, dann korrigiere ich es.* Das sagt sich leicht! In Wahrheit reagieren wir eher mit Trotz (in der Fachsprache auch Reaktanz genannt), wenn man uns mit der Nase auf ein Manko stößt oder zur Vernunft bringen will. Und selbst wenn nicht, Einsicht allein hilft noch nicht über jene Hürden hinweg, die uns im Weg stehen. Wer sich vornimmt, etwas ganz anders, ganz neu zu machen, und dann feststellt, dass es schwieriger ist als gedacht, lässt den Vorsatz schnell fallen. »Schwamm drüber, das ist doch nicht so wichtig.«

Aus Einsicht folgt nicht das richtige Verhalten, sondern *durch* unser Verhalten gelangen wir zur Einsicht! Psychologen empfehlen daher, nicht so sehr das Für und Wider eines Ernährungsplans oder Bewegungsprogramms zu bedenken, sondern möglichst unauffällig neue Gewohnheiten aufzubauen. Der Autor Charles Druhigg spricht von Schlüsselgewohnheiten, die in andere Lebensbereiche ausstrahlen: »Wenn Menschen beginnen, regelmäßig Sport zu treiben, und sei es nur einmal die Woche, verändern sie, oftmals unwissentlich, nach und nach andere Verhaltensmuster, die in keinem Zusammenhang damit stehen.«[171]

Wer körperlich aktiv ist, raucht meist auch weniger, greift eher zu Müsli als zu Schokocroissants, nimmt die Treppe statt den Aufzug und sieht dem Bürostress gelassener entgegen. Auch ich ließ erst die Finger von den Zigaretten, als mir das Laufen den Spaß an ihnen verdarb. Druhigg bestätigt: »Für viele Menschen ist körperliche Aktivität eine Schlüsselgewohnheit, die weitreichende Veränderungen auslöst.«[172] Laut Studien zieht sie viele weitere Verhaltensänderungen nach sich, macht geduldiger und weniger impulsiv. Paradoxerweise verstärkt die bewusste Auseinandersetzung oft diesen selbstgemachten Druck. Statt loszulassen, klammern wir uns noch mehr an den Status quo. Denn unser Denken erfindet eher zehn Gründe, wie gehabt fortzufahren, als einen Fehler einzugestehen.

Viele Menschen setzen sich Ziele, die nicht zu ihnen passen. Statt das zu erkennen, kasteien sie sich selbst: *Streng dich an! Schau, was die anderen alles hinkriegen! Wenn du nicht mindestens genauso viel schaffst, bist du nichts wert.* Wir träumen vom dauernden Glück und glauben, der Schlüssel dazu liege im richtigen Denken. »Die Vorstellung vom Glück als Willens- und Bewusstseinsakt hat sich pestilenzartig festgesetzt«, schreibt der Journalist Matthias Dobrinski. »Führt die Partnerschaft nicht jeden Tag zum Glück und der Job nicht zur Erfüllung, läuft was falsch, macht man was falsch, sollte man schleunigst an der Bewusstseinsschraube drehen.«[173]

Sie können nie alles schaffen. Sie haben nur einen Kopf und zwei Hände, und der Tag hat bloß 24 Stunden (von denen Sie locker ein Drittel verschlafen). Alles machen, alles erleben, alles ausprobieren? Vergessen Sie's! Mancher versucht es trotzdem. Nimmt sich vor, jeden angesagten Trend mitzumachen, und tut am Ende von allem ein bisschen und nichts so richtig. Das Leben als To-do-Liste: Abhaken – und schnell weiter!

Es gab eine Zeit, da habe auch ich mir Listen gemacht, was ich alles einmal tun wollte. Einmal die Copacabana entlangschlendern, auf den Everest klettern, eine Band gründen, Bungeespringen, einen Parabelflug machen, Marathonlaufen, Theaterspielen und so weiter und so fort. Ich dachte, das müsste ich alles einmal machen, bevor ich tot bin. Irgendwann fiel mir auf, dass ich viele dieser Dinge nicht um ihrer selbst willen wollte, sondern um einer selbst auferlegten Pflicht nachzukommen. Ich tat, woran mir nicht wirklich etwas lag. Man erkennt das meist daran, dass es einem keine Momente der Selbstvergessenheit beschert. Das bedeutet nicht, dass ein Leben im Dauerrausch möglich oder erstrebenswert wäre. Aber wer »sein Ding« macht, dem geht es nicht ums Erledigen.

Das Gegenmodell heißt, sich auf das zu beschränken, woran einem wirklich etwas liegt. Und das Vergleichen und Dazugehörenwollen den anderen überlassen. Das schafft Freiräume, in denen wir nichts leisten oder darstellen müssen. Wer sich traut, aus dem Hamsterrad auszusteigen, hat letztlich mehr davon.

Die guten Seiten schlechter Gefühle

Die meisten Menschen wollen negative Gefühle unbedingt vermeiden. Obwohl sie wissen, dass es kurzsichtig ist, arbeiten sie ständig an der eigenen Hochstimmung. Wer nicht super drauf ist, macht schließlich irgendetwas falsch. Es gibt allerdings mindestens zwei Arten des Glücksstrebens: Hedonie und (weniger bekannt) *Eudaimonie*. Diese Begriffe stammen aus der antiken griechischen Philosophie und lassen sich etwas frei mit Lust und Sinn umschreiben.[174] Erstere zielt vor allem auf sinnliche Freuden, wie sie sich etwa beim Sex, beim Essen oder bei anderen Vergnügungen einstellen. Letztere dagegen wird oft als das reiche, das gute Leben paraphrasiert. In dem Wort Eudaimonie steckt *daimon*, wovon unser »Dämon« abgeleitet ist. Für die alten Griechen war das der Oberbegriff für alle Arten von Schicksalsmächten, ob gut oder böse. Nur wer mit »den guten Geistern verbunden« ist – so die Übersetzung von eudaimonia – findet zur Gemütsruhe. Platon (428–348 v. Chr.) führt das in seinem Dialog »Gorgias« aus. Eudaimonie ist insofern das Gegenteil von lustvoller Erregung.

Mehr als 2000 Jahr später pflichtet Sigmund Freud (1856–1938) bei: »Die Absicht, dass der Mensch glücklich sei, ist im Plan der Schöpfung nicht enthalten.«[175] Glück sei ein episodisches Phänomen, das grundsätzlich nicht von Dauer sein könne. »Wir sind so eingerichtet, dass wir nur den Kontrast intensiv genießen können, den Zustand nur sehr wenig.«[176] Glückssucher haben damit das Problem, dass sie nach etwas streben, das sich ihnen immer wieder entzieht.

In psychologischen Studien ließ sich ein paradoxer Effekt beobachten: Je mehr wir glücklich sein wollen, umso schwieriger wird es.[177] Forscher um Iris Mauss von der Universität in Berkeley in Kalifornien teilten Probanden in zwei Gruppen auf. Die eine las zunächst einen Text, der die Vorzüge von Glücksgefühlen pries, die andere eine neutrale Geschichte. Im Anschluss – und scheinbar ohne Zusammenhang mit der Lektüre – sahen alle Teilnehmer einen lustigen Film. Wie sehr sie der Streifen amüsiert hatte, wollten Mauss und Kollegen anschließend wissen. Erstaunlicherweise fühlten sich diejenigen Teilnehmer, denen man die Wichtigkeit positiver Emotionen vor Augen geführt hatte, deutlich weniger belustigt. Die Forscher vermuten zwei Gründe dahinter: Erstens hat die Einschwörung aufs

Glück womöglich die Erwartungen der Zuschauer an den Film wachsen lassen. Und zweitens könnte ihnen die erhöhte Selbstaufmerksamkeit schlicht den Spaß verdorben haben. Wer sein Empfinden allzu sorgsam prüft, empfindet im gleichen Moment weniger intensiv.

Mauss' Kollegin Bret Ford zeigte zusammen mit Maja Tamir, dass emotional intelligente Menschen ihre Gefühle weniger daran messen, wie angenehm sie sind.[178] Bei ihnen liegt das Hauptaugenmerk darauf, ob der jeweilige Zustand angemessen und hilfreich ist. Unsere Gefühlsregulation ist längst nicht nur darauf gerichtet, positive Zustände zu stärken und negative zu unterdrücken. Um von Missmut und Verärgerung zu profitieren (etwa bei einer schwierigen Verhandlung oder im Streitfall), gilt es, sie im passenden Moment aktivieren zu können. Emotional intelligent, so Ford und Tamir, bedeutet also keineswegs immer »gut drauf« sein, sondern Mut zum Unmut haben.

Dies legt den Verdacht nahe, dass vermeintlich böse Gefühle wie Angst, Wut oder Trauer durchaus ihr Gutes haben. Sie helfen uns, Gefahren zu meiden, die eigenen Interessen zu wahren oder uns zu orientieren. Das macht sie nicht angenehmer oder gar erstrebenswert – aber verteufeln sollten wir sie auch nicht. Wer so fühlt, hat nicht versagt; es ist vielmehr völlig normal und nur folgerichtig, auch mal schlecht gelaunt zu sein. Anlass dazu gibt es genug: von den übergriffigen Nachbarn und nervigen Eltern bis zum Wetter ... Warum sollten wir nicht das gesamte Arsenal unserer Gefühle ausschöpfen? Ein gewisses Maß an Unlust und Schwermut macht sogar klug.[179]

Ohnehin wird die Unterscheidung von guten und schlechten Emotionen den subtilen Zwischentönen unseres Gefühlslebens kaum gerecht. Was ist mit der wehmütigen Erinnerung an die erste Liebe? Die bange Sehnsucht nach Anerkennung? Die bittersüße Gewissheit, dass die Person, die man liebt, einen verschmäht? Simples Schwarzweiß-denken nach dem Motto »Meide Unlust, suche Lust!« wird der Realität selten gerecht. Weise Menschen haben ein Ge-spür dafür. Sie fürchten sich auch nicht vor dem Unein-deutigen, Ambivalenten, denn sie wissen: Am glücklichsten ist, wer nicht alles darauf anlegt.

Kontrolle ist gut, Vertrauen ist besser

Die Liebe, der Job, das Alter, die Gesundheit, alles erscheint heute prekär. Wir sind umzingelt von Risiken, und ständig nagen Ängste und Skrupel an uns. Um dem gewachsen zu sein, müsse man sich wappnen – durch Kontrolle.[180]

Wohl auch deshalb sind Entsagungs- und Verzichtsritu-ale heute populärer denn je. Eine Woche, einen Monat oder gar das ganze Jahr ohne Alkohol oder ohne Schokolade, am besten auch kein Fleisch essen, kein Zucker oder überhaupt irgendwelche prozessierten Lebensmittel – so wollen viele wieder schätzen lernen, was sie haben. Keine so schlecht Idee, möchte man meinen. Immer kontrolliert und auf eine optimale Lebensführung bedacht zu sein, kann jedoch zum Bumerang werden. Es flößt einem nicht nur ein latent schlechtes Gewissen ein – schließlich ist laut dem geltenden Optimierungszwang jeder selbst dafür verantwortlich, dis-zipliniert am eigenen Wohl zu arbeiten. Insgeheim dient die selbstgewählte Askese auch als Beleg für moralische In-tegrität: Wer sich im Griff hat, gehört zu den Guten.

Askese kommt vom griechischen *aeskios*, was »sich üben« bedeutet. Es geht also nicht ums Entsagen, sondern um

Training. Wer Marathon laufen, einen Studienplatz ergattern oder eine Fremdsprache lernen will, muss Askese üben. Möglichst so, dass sie nicht als Entbehrung erscheint. Askese kann auch Spaß machen. Wenn man weiß, wofür sie sich lohnt.

Selbstvergessen sein heißt, tatsächlich aufzugehen in dem, was ist und was man tut. Ohne Hintergedanken, ohne Sorge. Zwar haben wir von klein auf gelernt, die Reflexion höher zu schätzen als die bloße Lust am Sein. Doch nicht im Ausloten aller Eventualitäten liegt das Glück, sondern im Lockerlassen. Muße statt In-sich-Hineinhorchen, Genuss statt Kritik, Rausch statt Kontrolle. Selbstvergessen sein heißt, die Zügel schleifen zu lassen, um sie danach umso fester fassen zu können. Frei nach Mark Twain (1835–1910) berühmtem Aphorismus: Das bewusste Denken ist unser kostbarstes Gut. Gehen wir sparsam damit um!

Womöglich genügt es schon, jene Gelegenheiten im Leben, bei denen wir uns mehr oder weniger unkontrolliert treiben lassen, mit weniger Skepsis oder gar Angst zu begegnen. In diesem Sinn plädiert auch der Künstler und Computerwissenschaftler David Gelernter dafür, die ganze Vielfalt des menschlichen Bewusstseins auszuschöpfen – von höchster, hellwacher Konzentration bis hin zum Selbstverlust in Traum. Über diese unterster Stufe des geistigen Spektrums, dort wo das bewusste Denken versiegt und wir in das Meer der Erinnerungen, Phantasien und Gefühle abtauchen, schreibt Gelernter: »Wenn wir uns dem unteren Ende nähern, an dem das Sein in reinster Form steht, schwindet sogar unser Ich-Gefühl. Wir *vergessen uns selbst* – wir verlieren unser Ich. Wir *erleben* nur noch und begegnen dem Ich-losen Zustand des reinen Seins. (...) Solche Zustände können uns an den Rand einer explosiven Euphorie bringen – oder uns mit tiefer Befriedigung überfluten oder uns (für kurze Zeit) eins mit dem Universum machen und uns mit einem Funken, einer Ahnung, einem kurzen Blick oder einem hellen Blitz zeigen, was mit ›Gott‹ gemeint ist.«[181]

Intermezzo: Die Schauspielerin

Wenn Miriam auf der Bühne steht, ist sie in ihrem Element. Seit sie mit 13 an ihrer Schule eine Aufführung der Theater-AG sah, wusste sie: Das will ich auch. Später spielte sie in einer Laiengruppe, bis sie eines Tages durch Zufall in eine Produktion am Schauspiel Köln kam. Seitdem tingelt sie, neben ihrer Arbeit als freie Journalistin, durch die Theaterszene in NRW.

Auf die Frage, was ihr am Schauspielen am meisten Spaß mache, sagt sie: »Man kann dabei so wunderbar an gar nichts mehr denken. Ich fühle mich dabei einfach nur lebendig.« Das passiert ihr ganz besonders beim Theatermachen. Vor anderen Leuten Klavierspielen dagegen hat sie als Kind immer gehasst. Diese elende Angst, sich zu verspielen! Beim Schauspielen oder Tanzen ist das ganz anders, findet Miriam. Da ist alles offen, ja, es muss so sein. Das Stück gibt lediglich einen Rahmen vor, innerhalb dessen man live auf der Bühne besondere Momente entstehen lässt.

Wenn es gut läuft, gerät Miriam beim Spielen in einen geradezu rauschhaften Zustand. Sie ist dann gleichzeitig hoch konzentriert und vollkommen gelöst. Das Spiel entwickelt ein Eigenleben, es macht etwas mit ihr. »Emotionen wie Wut, Trauer oder Freude kann man speichern und abrufen wie Bewegungen. Auf der Bühne lässt man sie dann einfach kommen«, erklärt sie.

Derart in der Rolle aufzugehen und alles andere zu vergessen, sei das Schönste. Sie tue dabei oft Dinge, die sie sonst nie machen würde: spucken, kreischen, hemmungslos heulen. Sich so zu öffnen und dem Publikum zur Schau zu stellen, kostet sie manchmal schon Überwindung. Man darf sich dabei vor allem nicht von den Reaktionen der Zuschauer abhängig machen. »Du musst im Augenblick bleiben.« Wenn man spürt, wie man andere damit berührt, sei das großartig.

Doch natürlich ist die Bühnenarbeit für sie wie für ihre Schauspielerkollegen auch ein Job. Wenn sie mal keine Lust hat, wenn sie müde ist oder sich einfach schlecht fühlt, ist es schwer, auf Kommando so hochzufahren. Auf der Bühne muss man immer 100 Prozent geben, man kann nicht mit halber Kraft spielen. Dann hilft nur genaue Vorbereitung: Je besser der Text sitzt und je mehr ihr in Fleisch und Blut übergeht, was die Figuren bewegt und was sie fühlen, desto eher kann sie los- und sich darauf einlassen. Diese Sicherheit braucht sie, um sich in der Rolle zu bewegen. Sie spricht ihren Text, aber so als könne sie jederzeit etwas ganz anderes tun und sagen – wie im richtigen Leben. Daraus zieht sie eine große Kraft für ihr Leben: »Ich kenne nichts, was körperlich und psychisch so sehr anstrengt und gleichzeitig so viel Energie spendet.«

Ausblick
Die Zukunft unseres Denkens

Jetzt haben wir sehr viel über das Nichtdenken nachgedacht. So schnell kann es gehen! Im Grunde, das dürfte längst klar geworden sein, ist dieses Buch paradox. Mit Argumenten das zu viele Denken zu vertreiben, ist so, als wollte man die Stille herbeireden oder sich vornehmen, ab sofort ganz spontan zu sein. Funktioniert nicht! Selbstvergessenheit lässt sich nicht einfach hervorzaubern, sobald man gern davon hätte. Man muss sie einladen und ihr den Boden bereiten, indem man nicht ständig dem Glück hinterherrennt und nicht alles zu kontrollieren oder zu erklären versucht.

Doch wenn die bewusste Selbstkontrolle so oft versagt, wir uns aber unbewusst nun einmal nichts vornehmen können – was bleibt dann? Augen zu und durch? Bloß nicht den Kopf einschalten? Nein, wir müssen uns nicht in Gemüse verwandeln. Aber es schadet nichts, im Hinterkopf zu behalten, dass Akzeptanz, Leidenschaft und Optimismus die meisten unschönen Nebenwirkungen des Denkens lindern.

Die vergangenen Kapitel sollten zeigen, warum wir oft mehr davon haben, wenn wir uns weniger bewusst bemühen. Das heißt freilich nicht, dass wir uns nie bemühen sollten. Erinnern wir uns an das Prinzip der Serendipität: Neugier und Experimentierfreude sind unerlässlich, um unerwartete Einsichten zu gewinnen. Oder an die Intuition, die ebenso auf Erfahrung angewiesen ist. Man kann mit noch so weit aufgerissenen Augen durch die Welt gehen und erkennt doch nichts, wenn es einem am nötigen Wissen mangelt. Um es zu erwerben, müssen wir lernen, üben, tüfteln, ausprobieren. Wie wir sahen, ist gesteigerte Selbstaufmerksamkeit dabei allerdings nicht unbedingt hilfreich.

Wagen wir zum Schluss einen Blick in die Zukunft. Wie werden wir morgen denken? Lässt das digitale Zeitalter überhaupt noch Raum für Selbstvergessenheit? Wird nicht alles und jedes berechenbar, solange nur genug Daten und Rechnerkapazität verfügbar sind? Spinnt man manche Entwicklungen der letzten Jahre weiter, so lässt sich vermuten, dass unserem Denken tatsächlich ein tiefgreifender Wandel bevorsteht. Von einer kollektiven Verdummung aber, etwa in Folge der steigenden elektronischen Mediennutzung, kann kaum die Rede sein. Auch für die Tugend des Lockerlassens eröffnet die digitale Revolution, deren Zeugen wir gegenwärtig sind, vielmehr neue Chancen.

Macht digital dumm?

Forscher der Universität Bonn haben errechnet, dass der durchschnittliche Smartphone-Nutzer alle 18 Minuten sein Handy konsultiert.[182] Die Zahl derer, für die das Internet und soziale Netzwerke ständige Begleiter sind, steigt seit Jahren. Während immer mehr Reize auf uns einprasseln, fühlen wir uns schnell überfordert: Wir können nicht alles auf einmal, wir müssen auswählen und das Wichtige vom Unwichtigen trennen. Nur sind wir dazu überhaupt noch fähig?

Viele befürchten, die digitale Technik mache uns unaufmerksam, unempathisch und dumm. Schwinden unsere Gedächtnisleistung und unser Orientierungsvermögen? Fördern soziale Medien den Narzissmus? Verwandeln wir uns in dauerzerstreute Egoisten mit der Aufmerksamkeitsspanne eines Kleinkinds? Trotz aller Unkenrufe über »Defizite in geistigen Kernkompetenzen«[183] oder eine schleichende »digitale Demenz« belegen zahlreiche Untersuchungen, dass Menschen, die elektronische Medien rege nutzen, Informationen oft schneller filtern, flexibler zwischen verschiedenen Aufgaben umschalten und ihr Gedächtnis effektiver nutzen.[184] Die meisten Medienpsychologen und Intelligenzforscher betonen, dass sich unsere geistigen Fähigkeiten, je nach den gestellten Anforderungen, zwar wandeln, aber nicht schrumpfen.[185]

Die verbreitete Cyberskepsis ist vermutlich Teil eines normalen Anpassungsprozesses. Als gedruckte Bücher oder das Fernsehen zu Massenmedien wurden, hielt man sie ebenfalls für gefährlich – warum sollten ähnliche Befürchtungen nicht auch das Internet betreffen? Navis, Suchmaschinen und Datenbanken dienen mehr und mehr als externe Erweiterungen unseres Geistes und ersparen den Einsatz kognitiver Ressourcen. Wir können uns dank Onlinediensten jederzeit in fremder Umgebung zurechtfinden, mit anderen verständigen und haben jede Information jederzeit in der Hosentasche parat. Daraus zu folgern, unser Orientierungssinn, die Gesprächskultur oder das Langzeitgedächtnis hätten ausgedient, ist allerdings falsch. Auch wenn es Traditionalisten schwer zu vermitteln ist, bedeutet Veränderung nicht automatisch Niedergang.

Das digitale Leben bringt gleichwohl neue Probleme hervor. So erliegt eine wachsende Zahl von *digital natives* heute der virtuellen Kontrollsucht. Sie vermessen Körper und Geist, seit nahezu alles registriert werden kann: Puls, Blutdruck, Atem, Schlafzyklen, Aktivitätsphasen, Glückslevel, selbst die Hirnströme lassen sich ohne großen technischen Aufwand darstellen und auswerten. »Self-tracking« heißt das auf Neudeutsch. Für manche Self-Tracker wird das Leben so zu einer Ansammlung von Parametern, die es optimal einzustellen gilt. Maximale Effizienz, nur keine Zeit verschwenden, alles herausholen – das ist Perfektionismus 2.0. Was für eine bedrückende Vision: Ein vollkommen kontrolliertes Leben ist doch leider auch ein sehr langweiliges.

Gerade wenn technische Entwicklungen neu und aufregend sind, nutzen einige sie exzessiv und auf Kosten anderer Aktivitäten. Das kann bedenkliche Formen annehmen, doch dies ist weder die Regel noch sind unsere Maßstäbe dafür, wo etwa eine Onlinesucht beginnt, ein für allemal festgelegt. Die Grenze zum Problematischen dürfte sich mit der zunehmenden Digitalisierung und Omnipräsenz des Internet immer weiter verschieben. Wohin das in Zukunft auch führen mag, es wird unser Denken nicht verkümmern lassen, wie populäre Kritiker glauben machen wollen. Denn dafür, sich flexibel an wechselnde, auch selbsterschaffene Umwelten anzupassen, ist es ja da.

Wohin also geht die digitale Reise? Darüber wird derzeit viel spekuliert. Es scheint absehbar, dass autonom agierende Algorithmen und maschinelle Systeme in immer mehr Bereiche unseres Lebens Einzug halten werden. Das dürfte die Art, wie wir kommunizieren und konsumieren, wohnen und arbeiten, uns kleiden und fortbewegen, lernen und lieben (und vieles mehr) grundlegend verändern. Lernfähige Roboter, die selbständig Entscheidungen treffen, intelligente

Autos, Häuser oder Kleidungsstücke, die vielfältige Daten auswerten und ihren Benutzern quasi vorauseilend diverse Dienste leisten – dieses Szenario wirkt auf viele bedrohlich. So wie einst das Unbewusste als Projektionsfläche für Ängste diente, werden heute die geheimen Mächte des »Internets der Dinge« mit Sorge beäugt. Doch es birgt auch eine große Chance: Es befreit uns von der Last der Routinen.

Vielleicht wiederholt sich so auf gesellschaftlicher Ebene, was sich für unseren kognitiven Apparat als Erfolgsrezept erwies: Automatismen steuern den Alltag, die bewusste Kontrolle – alias der Mensch – justiert nur nach. Dazu muss man die Möglichkeiten der digitalen Revolution jedoch auch nutzen. Das Internet ist die potentiell größte Quelle von Zufallserkenntnissen, die man sich vorstellen kann – ein mit Milliarden Querverweisen durchwobenen Hypertext eignet sich bestens, um zu finden, wonach man nicht suchte. Theoretisch.

Was uns daran hindert, sind zum Beispiel Filterblasen, ein Begriff, den der Internetkritiker Eli Pariser 2011 prägte. Indem sie unsere Klicks permanent auswerten, sorgen Online-Monopolisten wie Facebook, Google oder Amazon dafür, dass wir stets die Informationen erhalten, die für uns vermeintlich relevant sind. So lenken die Internet-Giganten die Aufmerksamkeit der Nutzer systematisch darauf, was sie zuvor schon interessierte. Wer aber stets nur das eigene Suchverhalten gespiegelt bekommt, bleibt gefangen in einer Art Echokammer. Schlimmer noch: So schießen Fehlinformationen, Gerüchte und Verschwörungstheorien ungehemmt ins Kraut.

In einer 2016 veröffentlichten Studie verglichen italienische Wissenschaftler um die Informationsströme in 67

Facebook-Gruppen.[186] Gut die Hälfte davon waren seriöse Wissenschaftsforen für aktuelle Resultate aus unterschiedlichen Fachdisziplinen, die anderen dagegen hatten sich eher obskuren Weltanschauungen und esoterischen Lehren verschrieben. Über fünf Jahre hinweg beobachteten die Forscher, wie sich die geposteten Informationen innerhalb der Subnetzwerke und über deren Grenzen hinweg verbreiteten. Die erste Erkenntnis: Ähnlich wie im realen Leben sind die verschiedenen Gesinnungen in sozialen Medien ziemlich klar voneinander getrennt. So kam kaum ein wissenschaftlich Interessierter mit den Ideen der Verschwörungsfreunde in Berührung – oder umgekehrt. Abwegige, künstlich dramatisierte Szenarien zeigten jedoch eine weit längere Halbwertszeit.

Normalerweise versanden neue Posts bereits innerhalb weniger Stunden wieder. So auch die seriösen, aber eher unspektakulären News aus der Forschung. Dagegen wurden die teils reißerisch aufgemachten Fehlinformationen, wie etwa die Mär, die EU plane den privaten Gebrauch von Heilkräutern zu verbieten, über Jahre hinweg immer wieder geteilt, kommentiert und verlinkt. Ab einer gewissen kritischen Masse kann sich das Rumoren in der Gerüchteküche des Internet viral verbreiten. Und was oft genug wiederholt wird, steht am Ende als Fakt dar.

Wie die Studienautoren anmerken, warnte das World Economic Forum (WEF) bereits 2013 davor, das gezielte Streuen von Lügen und Märchen im Internet stelle eine große Gefahr für moderne Gesellschaften dar. Die Auswahlalgorithmen der Suchmaschinen und sozialen Netzwerke würden diesen Effekt verstärken.

Die Personalisierung und Algorithmisierung ist inzwischen so weit vorangeschritten, dass es *das* Internet schon nicht mehr gibt, sondern Myriaden immer wieder neu und individuell zugeschnittener Exzerpte daraus. Das schränkt die Chance, auf unverhoffte Einsichten zu stoßen, dramatisch ein. Doch es regt sich Widerstand gegen den digitalen Einheitsbrei. Auf www.digitalserendipity.org wirbt zum Beispiel die Kommunikationsforscherin Miriam Meckel dafür, ein neues, freieres Internet ins Leben zu rufen.

Der US-amerikanische Journalist Steven Johnson, Autor des Buches *Woher die guten Ideen kommen*, glaubt umgekehrt fest an die »Serendipitätsmaschine Internet«. Wer meine, online seien Zufallsfunde schwerer zu machen als in der analogen Welt, der nutze den Cyberspace nur nicht richtig. »Die Informationsvielfalt im Netz bietet einen unerschöpflichen Hort an überraschenden Entdeckungen, und die Hypertextlinks sorgen dafür, dass wir innerhalb von Sekunden an diese Informationen herankommen. Zufällig entdeckte Spuren und spontane Assoziationen lassen sich weit einfacher und um ein Vielfaches schneller verfolgen, als dies mit den althergebrachten Medien möglich war.«[187]

Klar ist allerdings auch: Mit der ungefilterten Masse der online verfügbaren Informationen wären wir komplett überfordert. Wir müssen die Komplexität des Internets reduzieren (die erfolgreichsten Webdienste und Apps bieten nicht umsonst einfache, überschaubare Funktionen), ohne dabei neue, unerwartete Seiten ganz auszublenden oder uns für kommerzielle oder politische Zwecke einspannen zu lassen.

Im Dezember 2015 veröffentlichten neun Wissenschaftler um die Sozialforscher Dirk Helbing, Bruno Frey und Gerd Gigerenzer ein Manifest zu den Schattenseiten der digitalen Revolution.[188] Darin warnen sie vor den Folgen der zunehmenden Automatisierung, die auf Basis immer um-

fangreicherer und intelligenter Datenanalysen (»Big data«)
Wirtschaft, Politik und Öffentlichkeit, ja sogar persönliche
Lebensentscheidungen dominieren. Ein verdeckter Pater-
nalismus unterwandere Freiheit und Demokratie und leiste
einer Art »Feudalismus 2.0« Vorschub. Um das zu verhindern, so die Expertengruppe weiter, müsse man dringend
das Recht auf Privatsphäre und informationelle Selbstbestimmung stärken sowie die Personalisierung im Netz
transparent machen. Die größte Herausforderung der Zukunft bestehe darin, dem Entstehen einer Datenoligarchie
entgegenzuwirken, in der wenige mächtige Akteure jenes
Wissen verwalten und limitieren, das allen gehört.

Im Netz der Angst

Erinnern Sie sich an die Szene aus Steven Spielbergs *Juras-
sic Park*, in der der Paläontologe Dr. Grant und seine Gefähr-
ten dem Tyrannosaurus begegnen? Die Protagonisten müssen nur reglos verharren, dann bleiben sie für das Reptil
unsichtbar (so will es der Filmplot). Wie stark der Impuls
auch ist, davonrennen wäre fatal. Doch wer bleibt ungerührt
stehen, wenn ihm ein T-Rex seinen modrigen Atem ent-
gegenhaucht?

Nicht ganz so filmreif, aber ähnlich geht es uns heute.
Krisen und Bedrohungen, ob reale oder eigebildete, stürzen
uns in Aktionismus. Tu was! Wappne dich! »Mach kaputt,
was dich kaputtmacht«, und zwar schnell. Doch das ver-
schlimmert die Sache oft nur. Je verzweifelter wir ein Unheil abwenden wollen, desto eher trifft es uns. Ob Ängste,
Unruhe oder Schmerzen: In vielen Fällen tut man am besten erst einmal – nichts! Nicht um es stoisch zu ertragen

und hart gegen sich zu sein, sondern weil die Zeit das wirksamste Heilmittel ist.

Das Internet ist auch ein beliebter Umschlagplatz für Angstszenarien und Katastrophengeschichten aller Art. Es gibt eine regelrechte Lust an der Apokalypse, und eine florierende Psychobranche baut allerlei Drohkulissen von Burnout bis ADHS auf, um sich als Retter in der Not aufzuspielen.[189] Doch das Gegenteil von Angst ist nicht Sicherheit, sondern Toleranz für Risiken. Sie können jederzeit eine schlimme Krankheit bekommen, Ihre große Liebe könnte Sie betrügen und Sie könnten von heute auf morgen Ihren Job verlieren. Möglich ist das. Aber sollten Sie deshalb ständig in Habachtstellung oder mit angezogener Handbremse leben?

Die verbreitete Besorgniskultur ist einer der Hauptgründe für die Konjunktur des Bewusstseinsfimmels. Wäre unser Glück und Wohlbefinden nicht andauernd unter Beschuss, würden nicht überall Gefahren lauern, vor denen wir uns schützen müssten, und drohten wir nicht laufend irgendwelche entscheidenden Lebenschancen zu verpassen, wer bräuchte die permanente Selbstaufmerksamkeit und Bedenkenwälzerei dann noch? Wir müssten nur einsehen, dass es ein absolut kalkulierbares, sicheres Vollkasko-Leben nicht gibt – und die Angstindustrie könnte einpacken. Worauf warten wir noch?

Natürlich wäre es naiv zu glauben, das ließe sich leicht in die Tat umsetzen. Wer es gewohnt ist, mit tausend Gedanken schwanger zu gehen, streift diese nicht einfach ab. Wer jedes Detail seiner Lebensgestaltung hin und her wägt, sei es, weil es ihm vom Elternhaus so beigebracht wurde, weil sein Umfeld es ihm vormacht oder weil es der eigenen Veranlagung entspricht (oder alles zugleich), wird nicht von jetzt auf gleich damit aufhören und lockerlassen. Klarer Fokus, maximale Kontrolle und umfassende Bedenken – diese Ideale des Bewusstseinsfimmels – scheinen einfach zu verlockend. Doch darunter erstickt jede Verrücktheit und jeder kreative Rausch. Ich hoffe, ich konnte ein wenig zu ihrer Ehrenrettung beitragen.

Das SEIDE-Prinzip

Vieles klappt besser, wenn man es nicht so sehr darauf anlegt. Darin liegt die Kraft der Selbstvergessenheit: Sie stiftet uns zu Dingen an, die anders nicht gelängen, und lässt uns absteigen vom hohen Ross des Denkens, das sich leicht vergaloppiert. Dass wir mehr davon haben, wenn wir den Bewusstseinsfimmel ablegen, hat mit einigen Eigenarten unseres Geistes und unseres Gehirns zu tun. Sie lassen sich auf eine einfache Formel bringen: **S**erendipität, **E**mbodiment, **I**ntuition, **D**efault-Modus und **E**piphanie ergeben das **SEIDE**-Prinzip.

Seide – der einzige Stoff, der zugleich wärmt und kühlt – ist ein Wunder der Natur. Sein Faden ist so reißfest, dass er dem Reitervolk der Mongolen einst bei seinen Eroberungszügen half: Die Kämpfer trugen leichte Rüstungen auf Seidenbasis. Eine schöne Metapher für den schützenden Kokon der Psyche!

Dieses Buch begann mit der Erkenntnis, dass wir nicht nicht denken können. Aber wir können *weniger* denken, in dem Sinn, dass wir unser Denken, dieses kostbare Gut, nicht ständig bewusst zu steuern und zu dressieren versuchen, sondern ihm beim bedenkenlosen, lustvollen Tun eine Pause gönnen. Jeder muss seine eigene Balance finden zwischen Kontrolle und Lockerlassen. Doch letzteres ist oft die klügere Wahl.

Der Literaturwissenschaftler George Steiner schrieb in seinem Essay über die Last der Gedanken: »Die Eruptionen konzentrierten, gerichteten Denkens, der Zwang zu absoluter Fokussierung können das Risiko nachfolgender geistiger Erschöpfung und Beeinträchtigung in sich tragen.«[190] Von dieser Erschöpfung war hier nun genug die Rede. Ich bin am Ende angelangt. Ihr Denken aber geht weiter, tagaus, tagein – eine schier endlose Folge von Einfällen, Erinnerungen, Hoffnungen, Ängsten, Träumen, Wünschen, manche davon bewusst, viele jedoch un- oder besser halbbewusst. Das *sind* Sie! Genießen Sie das Privileg, ein denkendes Ich zu sein in all seinen Facetten.

Und wenn Sie im Geist mal wieder ganz woanders sind als geplant, trösten Sie sich: Es liegt in unserer Natur und beschert uns die wunderbare Gabe, uns selbst zu überraschen.

Zehn Merkzettel für Eilige

Ein
Irrtum, der uns oft im Weg steht
Mehr hilft mehr.

Zwei
Arten zu denken
Es gibt bewusstes und unbewusstes Denken (auch System 1 und 2, heiß und kalt, Intuition und Ratio genannt). Sie sind untrennbar miteinander verwoben, jedoch trauen wir ersterem meist viel mehr zu.

Drei
Gründe, warum wir zu viel denken
Wir suchen Sinn in einer Welt voller Widersprüche. Wir glauben, Glück sei eine Frage der Anstrengung und des richtigen Bewusstseins. Wir wollen uns optimieren und alles im Griff haben. Aber damit stehen wir uns oft selbst im Weg.

Vier
Dinge, über die wir am meisten grübeln
Ich **Wer bin ich? Was will ich? Um diese Fragen kreisen viele Beunruhigungen.**
Die Anderen **Was unsere Mitmenschen denken, wollen und tun, ist ein weites Feld für Spekulationen.**
Anerkennung **Schaut her, ich bin wer! Oder bin ich etwa nicht gut genug? Der Wunsch, etwas zu gelten, treibt merkwürdige Blüten.**
Gesundheit **Risiken für Leib und Seele scheinen heute allgegenwärtig. Viele Ängste werden dabei künstlich geschürt.**

Fünf
Säulen der Selbstvergessenheit

Serendipität **Dem Zufall nachhelfen ist eine Kunst, die Erfahrung, Offenheit und Sinn fürs Nebensächliche erfordert.**

Embodiment **Der Körper denkt mit – davon profitieren wir unter anderem beim Lernen, Entscheiden und Meistern von Krisen.**

Intuition **Das implizite Denken manövriert uns durch den Alltag.**

Default-Modus **Wenn wir nichts tun, tut unser Gehirn oft das Entscheidende: Es schweift ab und beschert uns gute Einfälle.**

Epiphanie **Berauschende Momente spenden Kraft und Sinn. Und mehr Spaß als Dasitzen und Grübeln machen sie außerdem!**

Sechs
Ratschläge, die Kontraproduktiv sein können

Sei du selbst!
Lebe bewusst!
Horche in dich hinein!
Reiß dich zusammen!
Wer will, der kann auch!
Das wird schon wieder!

Authentizitätsfalle **Die eigenen wahren Wünsche zu verkennen, gilt seit Freud als Urgrund aller Neurosen. Doch es gibt kein reines, authentisches Ich, das tief in uns schlummert und bewusst gemacht werden müsste, sondern nur eine endlose Fülle an Interpretationen.**

Kausalitätsfalle **Das Gehirn ist ein Musterdetektor, schießt dabei aber mitunter übers Ziel hinaus. So dichten wir vielem Bedeutung an, das gar keine hat, oder werten es als Beleg für Ursachen, die es nicht gibt.**

Ego-Falle **Der »fundamentale Attributionsfehler« besagt: Die Person ist wichtiger als die Umstände. Daher schreiben wir anderen wie auch uns selbst feste Eigenschaften wie »ehrgeizig« oder »willensstark« zu und betrachten sie als handlungsleitend. Wankelmut und Flexibilität im Verhalten entgehen unserem Blick.**

Hysterie-Falle **Was unsere Mitmenschen tun und lassen, spielt für uns eine extrem wichtige Rolle. Nachahmung und Anpassung sind wichtig, um gut miteinander auszukommen, lassen uns aber oft kopflos in die gleiche Richtung marschieren. So greifen Hysterie und Panik schnell um sich.**

Fake-Falle **Weil sich Menschen zur Durchsetzung ihrer Interessen gegenseitig ein X für ein U vormachen, sterben die Blender und Schönredner nie aus. Aber man muss auch nicht auf jeden Quatsch hereinfallen.**

Fatalismus-Falle **Alles wird immer schlimmer – diese düstere Sicht drängt sich besonders im fortgeschrittenen Lebensalter auf. Zum Glück kommt es dann meist doch nicht so schlimm, wie befürchtet.**

Es-war-einmal-Falle **Als Rückschaufehler bezeichnen Psychologen das Phänomen, dass uns vieles im Nachhinein schöner erscheint, als es war. Auch die Überzeugung, man habe »es schon immer gewusst«, fällt darunter: Weil man die früheren Unwägbarkeiten vergisst, hält man sein altes Ego für klüger als es war.**

Acht
Sachen, die (nebenbei) glücklich machen

Anderen helfen, dankbar sein, eine Leidenschaft haben, etwas schaffen, sich überwinden, den eigenen Körper spüren, im Moment sein, sich vergessen.

Neun
Gedankenbremsen für den Notfall

Sekunden-Flow **Eine Vorstufe des Flow-Erlebens ermöglichen repetitive Handlungen, die eine Art Minitrance auslösen: Ob Zungeschnalzen oder Wippen, Pfeifen, Summen oder Mantren aufsagen. Oder gibt es etwas, das Sie schon als Kind beruhigte, wenn es Sie gruselte? Probieren Sie's aus.**

So tun als ob **Wählen Sie eine Emotion (Freude, Ärger, Aufregung) oder eine bestimmte Person und imitieren Sie sie möglichst hemmungslos. Grinsen Sie breit wie Jim Carey oder plappern Sie aufgedreht wie Woody Allen. Es kommt nicht auf schauspielerisches Talent an, sondern auf die Ablenkung, die das Nachäffen bewirkt.**

Stopp! Wenn sich das Gedankenkarussell immer schneller dreht, rufen Sie im Geist oder ganz real, wie Sie mögen, einmal energisch »Stopp!«. Und machen Sie dann weiter, als wäre nichts gewesen.

Aufschreiben Notieren Sie einen Gedanken, den Sie loswerden wollen, stecken Sie den Zettel in einen Umschlag und legen Sie ihn in eine Schublade. Da liegt er besser als in Ihrem Kopf.

Personifizieren Geben Sie dem Kommentator im Kopf einen Spitznamen wie »Huibu«, »Papperlapapp« oder huldigen Sie ihm ironisch: »O, Meister«!

Sinne kitzeln Jeder kennt das: Eine kalte Dusche macht den Kopf frei! Hände unter den Wasserstrahl oder ein paar Spritzer ins Gesicht genügen oft schon. Für mentale Abkühlung sorgen übrigens auch laute Musik, ein besonderes Geschmackserlebnis oder das Ertasten einer Oberfläche.

Und los! Tun Sie ohne nachzudenken das Erstbeste, das Ihnen einfällt. Jetzt! Sehen Sie, es geht doch. Machen Sie jetzt fünf Minuten lang, was Ihnen im nächsten Moment einfällt – ohne Ausflüchte. Viel Vergnügen!

Nervensäge Bitten Sie einen Freund oder eine Freundin, einen Satz alle paar Sekunden zu wiederholen, während Sie gemeinsam spazieren gehen. Diese Leier beginnt schneller zu nerven, als Sie »Ist ja schon gut!« sagen können.

Rituale Eine Runde um den Block laufen, ein Bad nehmen, den nächsten Hügel erklimmen, sich unter Leute mischen ... Jeder hat so seine ganz eigenen Tricks, um das Denken zu zügeln. Pflegen Sie solche Gewohnheiten, statt sie sich von der Bewusstseinspolizei ausreden zu lassen.

»Beherrsche deinen Geist!«
Wenn das so einfach wäre! In der Tat beherrscht das Denken eher uns als umgekehrt. Und meist wünschen wir uns gerade das, was wir nicht haben: Der Gehemmte will nichts sehnlicher als ausgelassen sein, der Witzbold vermisst den nötigen Ernst und der Zerstreute wäre gern vollkommen fokussiert. Doch die Zerstreuung liegt in unserer Natur.

»Ich kann's nicht, also versuche ich's erst gar nicht.«
Die Macht der selbsterfüllenden Prophezeiungen macht uns mehr zu schaffen als jedes echte Unvermögen. Was wir können und was nicht, ist vorab schwer zu sagen – man muss es ausprobieren. Am besten mit einer Portion Zuversicht.

»Wer versagt, ist nichts wert.«
Viele Menschen messen sich und andere an zu hohen Ansprüchen. Die Vorstellung, Lebensglück müsse man sich verdienen, macht manchen regelrecht Angst – man könnte das Gute womöglich nicht verdient haben!

»Ich hab's schon immer gewusst!«
Denken konstruiert Gründe für die eigene Unentbehrlichkeit und neigt zur Selbstüberschätzung. Dazu trägt nicht unerheblich bei, dass wir nachher immer schlauer sind.

»Ich kann nichts dafür, ich bin eben so.«
Ich tue X, weil ich so bin; und ich bin so, weil ich X tue. Herzlich Willkommen im Labyrinth der Zirkelschlüsse.

»Jetzt ist alles aus!«
Negatives Denken verstärkt sich selbst und mündet leicht in Schwarzmalerei. Solches Katastrophisieren ist nicht umsonst ein Hauptmerkmal von Depressionen und Angststörungen.

»O du Weiser, erleuchte mich!«
Autoritätshörigkeit kann man an Universitäten und Abendakademien ebenso wie in der Werbung, in Talkshows oder beim Guru-Retreat bewundern. Wie leicht man denken damit verwechselt, andere für einen denken zu lassen!

»Sie sind hinter mir her.«
Für Verschwörungsgläubige dreht sich die ganze Welt nur um sie. Aber interessiert die NSA oder die Leute am Nebentisch wirklich, was Sie privat so treiben? Andere scheren sich meist viel weniger um uns, als wir meinen.

»Wer fest genug dran glaubt, schafft alles.«
Die Überzeugung der Selbstwirksamkeit ist für ein stabiles Nervenkostüm wichtig. Wer es damit übertreibt, bürdet sich selbst allerdings mehr Verantwortung und Schuld auf als nötig.

»Alles hat einen tieferen Sinn.«
Diese Vorstellung beruhigt und tröstet uns, kann aber leicht in Verschwörungsdenken umschlagen (siehe »Sie sind hinter mir her«).

Abkürzungsverzeichnis

ADHS	Aufmerksamkeitsdefizit-Hyperaktivitätsstörung
BDNF	Brain-derived neurotrophic factor
DMN	Default-mode network
DZNE	Deutsches Zentrum für neurodegenerative Erkrankungen
HSP	Highly sensitive person
MBCT	Mindfulness-Based Cognitive Therapy
MBSR	Mindfulness-Based Stress Reduction
MMOG	Massive multiplayer online games
NLP	Neurolinguistisches Programmieren
NSA	National Security Agency
PTBS	Posttraumatische Belastungsstörung
TCM	Traditionelle Chinesische Medizin
TMT	Terror-Management-Theorie

Bücher zum Weiterlesen

Christian Ankowitsch: Mach's falsch, und du machst es richtig.
Berlin: Rowohlt 2011.
Unterhaltsame Einführung in die paradoxe Lebensführung.

Charles Druhigg: Die Macht der Gewohnheit. Berlin: Berlin
Verlag 2013.
Wie man sein Leben umkrempelt, ohne sich verrückt zu machen.

David Gelernter: Gezeiten des Geistes. Die Vermessung
unseres Bewusstseins. Berlin: Ullstein 2016.
*Eine spannende Entdeckungsreise durch das weitere Spektrum
geistiger Zustände*

Erasmus von Rotterdam: Lob der Torheit. Paris 1511.
*Mehr als 500 Jahre nach Erscheinen immer noch ein brandaktueller
und amüsanter Abgesang auf intellektuelles Blendertum.*

Daniel Kahneman: Schnelles Denken, langsames Denken.
München: Siedler 2012.
*Ausführlicher Überblick zur psychologischen Forschung über
unseren mentalen Voreinstellungen und Heuristiken.*

Walter Mischel: Der Marshmallow-Test. Willensstärke, Beloh-
nungsaufschub und die Entwicklung der Persönlichkeit.
München: Siedler 2015.
Warum Selbstdisziplin viel, aber nicht alles ist im Leben.

George Steiner: Warum denken traurig macht. Frankfurt am
Main: Suhrkamp 2008.
Glänzender Essay über die Lust und Last des Denkens.

Danksagung

Am Entstehen dieses Buches wirkten mehr Menschen mit, als ich aufzählen kann – manche von ihnen, ohne es zu ahnen. Ohne die Geduld und Fürsorge meiner Frau Türkan hätte ich es nie zu Ende gebracht. Ich danke Michael Gaeb für die Vermittlung und Dr. Heinz Beyer für das sachkundige Lektorat. Alle Fehler und Ungereimtheiten gehen selbstverständlich auf mein Konto. Sanda Erdelez, Tania Lombrozo, Iris Mauss, Alva Noe, John Searle und Jonathan Smallwood gaben mir über ihre spannende Forschungen Auskunft. Meine Intermezzo-Partner Miriam Berger, Natascha Schmitt, Frank Bradke, Christian Thomé und Philipp von Wussow gewährten mir Einblicke in ihre jeweilige Kunst, (nicht) zu denken. Ein Dankeschön auch an Nikolas Westerhoff, der mich auf die lange denkfeindliche Tradition in der Ideologie der extremen Rechten und Linken hinwies. Auch auf die Gefahr, in diesen Topf geworfen zu werden, halte ich es mit Hans Magnus Enzensbergers Bonmot: Die Angst vor der Dummheit bringt nur immer enormere Dummheiten hervor.

Heidelberg, April 2016

Anmerkungen

Einleitung: Vom Nutzen und Nachteil des bewussten Lebens

1 Ohne die vielen freiwilligen Teilnehmer an den hier geschilderten Experimenten und Studien wären wir um eine Menge Erkenntnisse ärmer. Einmal stellvertretend für alle: Danke!

2 Es handelt sich um den präfrontalen Cortex. Wir kommen später darauf zurück.

3 Man beachte den doppelten Wortsinn von *kontrollieren*, das sowohl »steuern« als auch »überprüfen« bedeutet.

4 Siehe www.freizeitmonitor.de.

5 *Spiegel Wissen* 1/2015, S. 37.

6 Unter den mehr als 100 000 Fachartikeln, die jedes Jahr in psychologischen Journalen erscheinen, gibt es viele erstklassige, aber auch eine Menge schlechte. So lässt sich fast jede These mit irgendeiner »Studie« untermauern. Um die Spreu vom Weizen zu trennen, fassen Forscher den Stand der Forschung in sogenannten Metaanalysen zusammen. Überraschende Befunde erfordern dabei stärkere Argumente als das Erwartbare. Dass etwa gut gelaunte Menschen eher lächeln als traurige ist trivial – nicht jedoch, dass erzwungenes Lächeln fröhlicher macht (warum das zutrifft, lesen Sie auf S. 67). Bei alldem sollte man nicht vergessen: Studienresultate helfen zwar zu entscheiden, welche Annahmen mehr taugen als andere; wahr sind sie deshalb noch lange nicht. Und sie müssen auch nicht immer zum praktischen Leitfaden taugen. Der Name-Letter-Effekt etwa besagt, dass Städte und Berufe überzufällig häufig Menschen mit demselben Namensinitial anziehen: Bernd ist eher Bäcker in Berlin als Friseur in Frankfurt – wie Frank. Das hilft bei der Suche nach einem alten Schulfreund allerdings wenig. Merke: Wissenschaftliche Belege sind wichtig, aber auch nicht alles im Leben.

7 Wegner, D. M. et al. (1987): Paradoxical effects of thought suppression. *Journal of Personality and Social Psychology* 53, S. 3–15.

8 Ayan, S. (2012): Hilfe, wir machen uns verrückt! München: Pendo.

9 Diese Definition stammt von TheFreeDictionary.com. In den großen Wörterbüchern des Deutschen finden sich teils sonderbare Beschreibungen. So verbannt der Duden die Selbstvergessenheit in die geistige Sphäre: »so völlig in Gedanken versunken, dass jmd. die Umwelt gar nicht wahrnimmt« (Duden. Das große Wörterbuch der deutschen Sprache in 10 Bänden. Mannheim 1999, Bd. 8, S. 3527). Der Brockhaus-Wahrig ist umfassender: »einer Tätigkeit

völlig hingegeben od. ganz in Gedanken versunken und darüber sich selbst u. die Umgebung vergessend« (Wahrig, G., Krämer, H. & Zimmermann, H. [Hrsg.]: Deutsches Wörterbuch in sechs Bänden. Wiesbaden, Stuttgart, 1983, Bd. 5, S. 731). Und das Grimmsche Wörterbuch wertet: »sich (selbst) verlieren, nicht mehr sein eigener Herr sein, die Herrschaft über sich verlieren« (Deutsches Wörterbuch, Leipzig 1956, Bd. 12/I, S. 805).

10 www.med1.de/Forum/Psychologie/228104 (Abruf am 15.3.2015).

1. Kapitel: SERENDIPITÄT oder Wie man dem Schicksal auf die Sprünge hilft

11 Hier spiegelt die Entstehung des Begriffs seinen Inhalt wider: Man entdeckt, wonach man nicht suchte.

12 Die erste englische Fassung erschien 1722 in London. Kurz darauf muss sie dem jungen Walpole in die Hände gefallen sein.

13 *Mobil* 11/2014, S. 87.

14 Eine Datenbankrecherche in englischsprachigen Zeitungen und Zeitschriften ergab zwei Verwendungen von *serendipity* in den 1960er-Jahren, 60 in den 1970ern und 1838 in den 1980ern. In den 1990ern waren es bereits 13 266. Die Zahl dürfte heute um ein Vielfaches höher sein (siehe Merton, R. K., Barber, E. (2003): The Travels and Adventures of Serendipity. A Study in Sociological Semantics and the Sociology of Science. Princeton University Press, S. 287).

15 Schneider, M. (2002): Teflon, Post-it und Viagra. Große Entdeckungen durch kleine Zufälle. Weinheim: Wiley-VCH.

16 Van Andel, P. (1994): Anatomy of the Unsought Finding. Serendipity: Origin, History, Domains, Traditions, Appearances, Patterns and Programmability. *British Journal for the Philosophy of Science* 45 (2), S. 631–648.

17 Diesen Ausdruck prägte Royton Roberts von der University of Texas in Austin (siehe Roberts, R. M. (1989): Serendipity: Accidental Discoveries in Science. Weinheim: Wiley-VCH).

18 Dunbar, K. (1997): How Scientists Think: Online Creativity and Conceptual Change in Science. In: Ward, T. B., Smith, S. M. Vaid, J. (Hrsg.): Conceptual Structures and Processes: Emergence, Dicovery, and Change. Washington D. C.: APA Press.

19 Agarwal, N. K. (2015): Towards a definition of serendipity in information behaviour. *Information Research* 20 (3), paper 675.

20 Goleman, D. (2013): Konzentriert euch! Eine Anleitung für das moderne Leben. München: Piper, S. 61.

21 Ebd., S. 60.

22 Elderez, S. (1999): Information encountering: It's more than just bumping into information. *Bulletin of the American Society for Information Science* 25, S. 25–29 und dies. (2004): Investigation of Information encountering in the controlled research environment. *Information Processing and Management* 40, S. 1013–1024.

23 Darauf wies der Essayist Arthur Koestler hin (siehe Koestler, A. (1964): The Act of Creation. London: Hutchinson & Company).

24 James, W. (1890): Principles of Psychology. New York, S. 403 f. (Übersetzung des Autors).

25 Der britische Psychologe und Ex-Zauberkünstler Richard Wiseman demonstriert unsere erstaunliche Blindheit für Veränderungen eindrucksvoll auf www.quirkology.com.

26 Kahneman, D. (2012): Schnell versus langsam. *Gehirn & Geist* 6, S. 35.

27 Siehe Vohs, K. D. & Heatherton, T. F. (2000): Self-Regulatory Failure: A Resource-Depletion Approach. *Psychological Science* 11, S. 249–254.

28 Brodmerkel, A. (2014): Alles unter Kontrolle. *Humboldt Kosmos* 103, S. 30.

29 Der Psychologe Peter Gollwitzer prägte dafür den Ausdruck »Implementierungsintentionen«. Aber darunter kann sich ja niemand etwas vorstellen.

30 Siehe Marteau, T. M., Hollands G. J. & Fletcher, P. C. (2012): Changing human behavior to prevent disease: The importance of targeting automatic processes. *Science* 337, S. 1492–1495.

31 *Gehirn & Geist* 11/2011, S. 51.

32 Siehe Ayan, S. (2012): Hilfe, wir machen uns verrückt. München: Pendo.

33 Mischel, W., Shoda, Y. & Rodriguez, M. L. (1989): Delay of Gratification in Children. *Science* 244, S. 933–938.

34 Mischel, W. (2014): Der Marshmallowtest. Willensstärke, Belohnungsaufschub und die Entwicklung der Persönlichkeit. München: Siedler, S. 9.

35 Job, V., Dweck, C. S. & Walton, G. M. (2010): Ego-Depletion – Is It All in Your Head? Implicit Theories about Willpower Affect Self-Regulation. *Psychological Science* 21, S. 1686–1693.

36 Dass mangelndes Zutrauen in die eigene Leistung diese tatsächlich hemmt, belegt die reiche Forschungsliteratur zum *stereotype threat*, der Bedrohung durch Vorurteile. So werden Einstellungen wie »Frauen können nicht einparken« oder »Frauen rechnen schlechter als Männer« oft zu selbsterfüllenden Prophezeiungen. Studen-

tinnen, denen man glaubhaft machte, die räumlich-konstruktive bzw. mathematische Intelligenz sei eine Schwachstelle weiblicher Gehirne, manövrierten anschließend Autos schlechter und verrechneten sich häufiger als ohne diese Einflüsterung. Die Stärke des Effekts hängt unter anderem davon ab, wie sehr man das Stereotyp auf sich bezieht und wie gestresst man ist. Carol Dweck von der Stanford University in Kalifornien hat dies in vielen Studien belegen können (siehe zum Beispiel Good, C., Rattan, A. & Dweck, C. S. [2012]: Why do women opt out? Sense of belonging and women's representation in mathematics. *Journal of Personality and Social Psychology* 102, S. 700–717).

37 Die Videomitschnitte vom Marshmallowtest sind ein großer Spaß: siehe www.youtube.com/watch?v=Y7kjsb7iyms.

38 Williams, J. J., Lombrozo, T. & Rehder, B. (2013): The Hazards of Explanation: Overgeneralization in the Face of Exceptions. *Journal of Experimental Psychology: General* 142, S. 1006–1014.

39 Taleb, N. (2013): Antifragilität. Anleitung für eine Welt, die wir nicht verstehen. München: Knaus, S. 22.

2. Kapitel: EMBODIMENT oder Warum der Körper mitdenkt

40 Die Wahl Ferdinands II. zum Kaiser des Heiligen Römischen Reiches deutscher Nation fand am 28. August 1619 in Frankfurt am Main statt.

41 Wo Descartes in diesen Wintertagen genau unterkam, ist unbekannt. Laut dem Biographen Richard Watson hielt er sich »irgendwo zwischen Wien und Frankfurt« auf. Ein Besuch Descartes' bei dem Mathematiker Johannes Faulhaber im November in Ulm gilt aber als sicher (siehe Watson, R. A. [2002]: Cogito, ergo sum: The Life of René Descartes. Boston: Godine, S. 106).

42 Descartes, R. (1637/1960): Discours de la méthode. Von der Methode des richtigen Vernunftgebrauchs und der wissenschaftlichen Forschung. Hamburg: Meiner, S. 9.

43 Nach Baillet, A.: Vie de Monsieur des-Cartes. In: Stefano Poggi, Wolfgang Röd (1999): Die Philosophie der Neuzeit. München: Beck, S. 51.

44 Mehr über Descartes' Träume in: Geier, M. (2013): Geistesblitze. Reinbek: Rowohlt.

45 Dieses und die folgenden Zitate siehe: Descartes, R. (1637/1960), S. 26 f.

46 Damásio, A. R. (1995): Descartes' Irrtum: Fühlen, Denken und das menschliche Gehirn. München: List.

47 Siehe Winkielman, P. (2015): Embodiment of Cognition and Emotion. In: Mikulincer, M. & Shaver, P. R. (Hrsg.): APA Handbook of Personality and Social Psychology, Bd. 1, S. 151–175.

48 James, W. (1884): What is an Emotion? *Mind* 9, S. 188–205.

49 Darwin, C. (1872): The Expression of the Emotions in Man and Animals. London: John Murry.

50 Strack, F., Martin, L. L. & Stepper, S. (1988): Inhibiting and facilitating conditions of the human smile: a non-obtrusive test of the facial feedback hypothesis. *Journal of Personality and Social Psychology* 54, S. 768–777.

51 Thomas L. E. & Lleras, A. (2009): Swinging into thought: Directed movement guides insight in problem solving. *Psychonomic Bulletin and Review* 16, S. 719–723.

52 Man musste die Zange ans Ende eines Seils knoten und ihr einen Stoß versetzen. Beim Zurückpendeln ließ sich der Strick dann bequem greifen.

53 Kross, E. et al. (2011): Social rejection shares somatosensory representations with physical pain. *Proceedings of the National Academy of Sciences of the USA* 108, S. 6270–6275.

54 Randles, D., Heine, S. J. & Santos, N. (2013): The common pain of surrealism and death: Acetaminophen reduces compensatory affirmation following meaning threat. *Psychological Science* 24, S. 966–973.

55 Leung, A. K. et al. (2011): Embodied metaphors and creative »acts«. *Psychological Science* 23, S. 502–509.

56 Magid, M. et al. (2014): Treatment of major depressive disorder using botulinum toxin: a 24-week randomized, double-blind, placebo-controlled study. *Journal of Clinical Psychiatry* 75, S. 837–844.

57 Williams, L. E. & Bargh, J. A. (2008): Experiencing physical warmth promotes interpersonal warmth. *Science* 322, S. 606–607.

58 Jostmann, N. B., Lakens, D. & Schubert, T. W. (2009): Weight as an embodiment of importance. *Psychological Science* 20, S. 1169–1174.

59 Eine unterhaltsame Einführung in diese Forschung bietet Ankowitsch, C. (2015): Warum Einstein niemals Socken trug. Reinbek: Rowohlt.

60 Jüngst kam vor allem die Sozialpsychologie ins Gerede, weil viele ihrer Befunde kaum replizierbar seien. So berichteten Forscher nach Wiederholung von 100 Studien: Nur jeder dritte Versuch erbrachte das gleiche Ergebnis wie zuvor, und die Effekte waren im Schnitt nur noch halb so groß (siehe Open Science Collaboration [2015]: Estimating the Reproducibility of Psychological Science. *Science* 349, online 28. August). Zufallsbefunde und Artefakte, ganz abgesehen von

gezielter Datenmanipulation, sind ein Problem. Umso wichtiger ist es, Studienresultate stets im größeren Kontext zu betrachten. Die Embodimenttheorie steht freilich auf einem breiten empirischen Fundament.

61 Lobel, T. (2015): Warm ums Herz. *Gehirn & Geist* 4, S. 25.

62 Diesen berühmten Satz sagt der junge Revolutionär Tancredi in Guiseppe Tomasi de Lampedusas Roman *Der Leopard* (1957), verfilmt mit Burt Lancaster und Alain Delon in den Hauptrollen.

63 Diese Erkenntnis ist übrigens deutlich älter als die moderne psychologische Forschung. So betonte beispielsweise schon Heinrich von Kleist (1777–1811) in seinem berühmten Aufsatz *Über die allmähliche Verfertigung der Gedanken beim Reden*: »Nicht *wir* wissen, es ist allererst ein gewisser *Zustand* unsrer, welcher weiß.« (Kleist, H. v. (1996): Werke. Bd. 3, Köln: Könemann, S. 315)

64 Dunlosky, J. et al. (2013): Improving students' learning with effective learning techniques. Promising directions from cognitive and educational psychology. *Psychological Science in the Public Interest* 14, S. 4–58.

65 Smoker, T. J., Murphy C. E. & Rockwell, A. K. (2009): Comparing memory for handwriting versus typing. *Proceedings of the Human Factors and Ergonomics Society Annual Meeting* 53, S. 1744–1747.

66 Li, X., Wei, L. & Soman, D. (2010): Sealing the emotions genie: The effects of physical enclosure on psychological closure. *Psychological Science* 21 S. 1047–1050.

67 Klein, S. (2002): Die Glücksformel oder Wie die guten Gefühle entstehen. Reinbek: Rowohlt, S. 240.

68 So sind genetisch veränderte Mäuse, die größere Mengen des Stresshormons Cortisol produzieren, schreckhafter als normale Artgenossen. Vasopressin lässt ebenfalls die Nerven flattern: Hemmt man das Gen mit dem Bauplan für dieses Hormon, beruhigen sich die Nager nach einem Stresserlebnis schneller als andere Artgenossen.

69 Eine Langzeitstudie an gut 1000 Einwohnern der Kleinstadt Dunedin in Neuseeland ergab, dass die psychische Verfassung vom Gen 5-HTTLPR beeinflusst wird. Es bestimmt, wie viel Serotonin im Gehirn vorhanden ist. Dieser Botenstoff beeinflusst unter anderem die Anfälligkeit für Depressionen oder posttraumatische Belastungsstörungen (siehe Caspi, A. et al. [2003]: Influence of life stress on depression: Moderation by a polymorphism in the 5-HTT Gene. *Science* 301, S. 386–389). Ebenfalls bedeutsam ist das MAO-A-Gen mit dem Bauplan für Monoaminoxidase A, ein Enzym, das Noradrenalin abbaut. Mit dem Pegel des Botenstoffs steigt auch die Gewaltneigung – jedenfalls bei Männern: MAO-A liegt auf dem

X-Chromosom, weshalb Frauen (die zwei besitzen) eine Mutation ausgleichen können.

70 Laut Forschern schützt soziale Unterstützung unsere Gesundheit überhaupt am besten. So vermindern enge soziale Beziehungen das Sterblichkeitsrisiko sogar effektiver als Alkoholabstinenz, Sport oder Idealgewicht (siehe Holt-Lunstad, J., Smith, T. B. & Layton, J. B. [2010]: Social relationships and mortality risk: A meta-analytic review. PLoS Medicine 7, e1000316 und Feeney, B. C. & Collins, N. L. [2015]: A new look at social support. *Personality and Social Psychology Review* 19, S. 113–147).

71 Maercker, A. (Hrsg.): Posttraumatische Belastungsstörungen. Kap. 2: Symptomatik, Klassifikation und Epidemiologie. Berlin, Heidelberg: Springer 2013, S. 13–34.

72 *Brand Eins* 16 (11), 2014, S. 90.

73 Siehe Coyne, J. (2014): Failing grade for highly cited meta-analysis of positive psychology interventions. PLOS *Blogs*, 18. November.

3. Kapitel: INTUITION oder Was Es uns sagt

74 Von den vielen Sachbüchern zu diesem Thema seien besonders empfohlen: Ap Dijksterhuis' »Das kluge Unbewusste« (Stuttgart: Klett-Cotta 2010), Gerd Gigerenzers »Bauchentscheidungen« (München: C. Bertelsmann 2007) und Malcolm Gladwells »Blink!« (Frankfurt am Main: Campus 2005).

75 Dijksterhuis, A. et al. (2006): On making the right choice: the deliberation-without-attention effect. *Science* 311, S. 1005–1007.

76 Thorsteinson, T. J. & Withrow, S. (2009): Does unconscious thought outperform conscious thought on complex decisions? A further examination. *Judgement and Decision Making* 4, S. 235–247.

77 Roth, G. & Strüber, N. (2014): Wie das Gehirn die Seele macht. Stuttgart: Klett-Cotta, S. 229 f.

78 *Limbus* ist lateinisch für »Gürtel«. Frühe Hirnanatomen glaubten, diese Areale lägen ringförmig an der Innenseite des Schläfenlappens. Das stimmt so zwar nicht, aber der Name blieb.

79 Bechara, A. et al. (1999): Different contributions of the human amygdala and ventromedial prefrontal cortex to decision-making. *Journal of Neuroscience* 19, S. 5473–5481.

80 Bechara, A. & Damásio, A. R. (2005): The somatic marker hypothesis: A neural theory of economic decision. *Games and Economic Behavior* 52, S. 336–372.

81 Kuo, W.-J. et al. (2009): Intuition and deliberation: Two systems for strategizing in the brain. *Science* 324, S. 519–522.

82 Siehe die Abschnitte 16 und 17 in *Jenseits von Gut und Böse* (1886).

83 Manche Philosophen fragen sich, was ein mit Bewusstsein begabtes Wesen einem unbewussten »Zombie« überhaupt voraushat. Allgemein attestiert man ersterem ein größeres und flexibleres Verhaltensrepertoire.

84 Gelernter, D. (2016) Gezeiten des Geistes. Berlin: Ullstein, S. 128f.

85 Intuitive und reflexive Prozesse werden nicht nur bei der Entscheidungsfindung unterschieden, sondern auch in Bezug auf Emotionen, Motive, Einstellungen oder das soziale Urteilen, um nur einige Beispiele zu nennen.

86 Nordgren, L. F., Bos, M. W. & Dijksterhuis, A. (2011): The best of both worlds: Integrating conscious and unconscious thought best solves complex decisions. *Journal of Experimental Social Psychology* 47, S. 509–511.

87 Dijksterhuis, A. & van Olden, Z. (2006): On the benefits of thinking unconsciously: Unconscious thought can increase post-choice satisfaction. *Journal of Experimental Social Psychology* 42, S. 627–631.

88 Diesen Begriff prägten die US-Verhaltensökonomen Richard Thaler und Cass Sunstein in ihrem Buch *Nugde* (2009). Überblicksarbeiten siehe Sheeran, P., Gollwitzer, P. M. & Bargh, J. A. (2013): Nonconscious processes and health. *Health Psychology* 32, S. 460–473, oder Marteau, T. M., Hollands, G. J. & Fletcher, P. C. (2012): Changing human behavior to prevent disease: the importance ot targeting automatic processes. *Science* 337, S. 1492–1495.

89 Schwartz, B. et al. (2002): Maximizing versus satisficing: Happiness is a matter of choice. *Personality and Social Psychology* 83, S. 1178–1197. Ausführlich erläutert Barry Schwartz seine Forschung in: *Anleitung zur Unzufriedenheit. Warum weniger glücklicher macht* (Berlin: Ullstein 2006).

90 Betsch, C. (2005): Präferenz für Intuition und Deliberation – Messung und Konsequenzen von individuellen Unterschieden im affekt- und kognitionsbasierten Entscheiden. Dissertation, Universität Heidelberg.

91 Betsch, C. & Kunz, J. J. (2008): Individual strategy preferences and desicional fit. *Journal of Behavioral Decision Making* online DOI: 10.1002/bdm.600.

92 Boyd, A. et al. (2015): Gender differences in mental disorders and suicidality in Europe: Results from a large cross-sectional population-based study. *Journal of Affective Disorders* 173, S. 245–254, oder: Jacobi, F. et al. (2014): Twelve-month prevalence, comorbidity and correlates of mental disorders in Germany: the Mental Health

Module of the German Health Interview and Examination Survey for Adults (DEGS1-MH). *International Journal of Methods in Psychiatric Research* 23, S. 3014–3019.

93 O'Loughlin, R. E. et al. (2011): Role of the gender-linked norm of toughness in the decision to engage in treatment for depression. *Psychiatric Services* 62, S. 740–746.

94 Bolla, K. I. (2004): Sex-related differences in a gambling task and its neurological correlates. *Cerebral Cortex* 14, S. 1226–1232.

95 Nolen-Hoeksema, S. (2006): Warum Frauen zu viel denken. Wege aus der Grübelfalle. München: Heyne, S. 19.

96 Ebd., S. 65.

97 Kelly, A. C. et al. (2009): Who benefits from training in self-compassionate self-regulation? A study of smoking reduction. *Journal of Social and Clinical Psychology* 29, S. 727, oder: Magnus, C. M. R. et al. (2010): The role of self-compassion in women's self-determined motives to exercise and exercise-related outcomes. *Self and Identity* 9, S. 363.

98 Hübl, P. (2015): Der Untergrund des Denkens. Eine Philosophie des Unbewussten. Reinbek: Rowohlt, S. 291.

99 Die Begriffe System 1 und System 2 stammen von den Psychologen Keith Stanovich und Richard West, doch erst Kahneman und Tversky haben sie allgemein bekannt gemacht.

100 Kahneman, D. (2012): Schnell versus langsam. *Gehirn&Geist* 6, S. 33.

101 In Kahnemans Bestseller *Schnelles Denken, langsames Denken* (München: Siedler 2012) werden sie näher erläutert.

102 Wiseman, R. (2012): Paranormalität. Warum wir Dinge sehen, die es nicht gibt. Frankfurt am Main: S. Fischer, S. 23 f.

103 Niemeier, S. et al. (2013): Effects of and attention to graphic warning labels on cigarette packages. *Psychology and Health* 28, S. 1192–1206, sowie Hammond, D. (2011): Health warning messages on tobacco products. *Tobacco Control* 20, S. 327–337.

104 Nyhan, B. & Reifler, J. (2014): Does correcting myths about the flu vaccine work? An experimental evaluation of the effects of corrective information. *Vaccine* 33, S. 459–464.

105 Bruno, Marie-Aurélie et al. (2011): A survey on self-assessed well-being in a cohort of chronic locked-in syndrome patients: happy majority, miserable minority. *British Medical Journal Open*, e000039, doi:10.1136/bmjopen-2010–000039.

106 Kahneman, D. (2012): Schnelles Denken, langsames Denken. München: Siedler, S. 496.

107 Betsch, T. et al. (2001): I like it but I don't know why: A value-

account approach to implicit attitude formation. *Personality and Social Psychology Bulletin* 27, S. 242–253 (siehe auch die Überblicksarbeit von Betsch, T. & Glöckner, A. [2010]: Intuition in judgement and decision making: Extensive thinking without effort. *Psychological Inquiry* 21, S. 279–294).

108 Iyengar, S. S. & Lepper, M. R. (2000): When choice is demotivating: Can one desire too much of a good thing? *Personality Processes and Individual Differences* 79, S. 995–1006.

109 Ein überreiches Angebot überfordert uns allerdings nur unter bestimmten Bedingungen, etwa wenn die benötigten Informationen schwer zu beschaffen oder unübersichtlich sind oder wenn von der Entscheidung besonders viel abzuhängen scheint (siehe auch Scheibehenne, B., Greifeneder, R. & Todd, P. M. [2010]: Can there ever be too many options? A meta-analytic review of choice overload. *Journal of Consumer Research* 37, S. 409–425).

110 Erstmals beschrieben wurde es anhand eines Tests, bei dem Probanden den Videomitschnitt eines Banküberfalls sahen und später unter verschiedenen Porträts den Täter identifizieren sollten. Wer das Aussehen des Mannes zunächst mündlich näher beschreiben sollte, erkannte ihn später schlechter wieder als ohne Vorbericht (siehe Schooler, Engstler-Schooler 1990). Später wies man dürftigere Urteile nach Verbalisierung auch für Geschmacksurteile und Logikrätsel nach.

111 Wilson, T. & Schooler, J. (1991): Thinking too much: Introspection can reduce the quality of preferences and decisions. *Journal of Personality and Social Psychology* 60, S. 181–192.

112 Fachleute sprechen von *Agency* und *Competence*, ich habe diese Begriffe hier eingedeutscht (siehe Abele-Brehm, A. & Bruckmüller, S. [2015]: Das A und C der Persönlichkeit. *Gehirn&Geist* 4, S. 30–35).

113 Albrechtsen, J. S., Meissner, C. A. & Susa K. J. (2009): Can intuition improve deception detection performance? *Journal of Experimental Social Psychology* 45, S. 1052–1055.

114 Bem, D. J. & McConnell, K. H. (1970): Testing the self-perception explanation of dissonance phenomena: On the salience of premanipulation attitudes. *Journal of Personality and Social Psychology* 14, S. 23–31.

115 Baird, B. et al. (2014): Domain-specific enhancement of metacognitive ability following meditation training. *Journal of Experimental Psychology: General*, 143, S. 1972–1979.

116 Fleming, S. M. et al. (2010): Relating introspective accuracy to individual differences in brain structure. *Science* 32, S. 1541–1543 / Fleming, S. M. et al.(2012): Prefrontal contributions to metacogni-

tion in perceptual desicion making. *Journal of Neuroscience* 32, S. 6117–6125.

117 Sagt Antonio im 2. Akt, 3. Aufzug von Goethes *Torquato Tasso*.

4. Kapitel: DEFAULT-MODE oder Wann Ihr Gehirn auf Leerlauf schaltet

118 Siehe Sandrone, S. et al. (2014): Weighing brain activity with the balance: Angelo Mosso's original manuscripts come to light. *Brain* 137, S. 621–633.

119 Raichle, M. E. et al. (2001): A default mode of brain function. *Proceedings of the National Academy of Sciences* USA 98, S. 676–682.

120 Der PFC setzt sich aus einer Reihe von Submodulen zusammen. Am DMN ist vor allem der mediale Teil beteiligt.

121 Die Arbeit der grauen Zellen beansprucht ziemlich konstant etwa ein Fünftel des Energiebedarfs des Körpers, obwohl das Gehirn nur etwa zwei Prozent des Körpergewichts ausmacht (bei Übergewichtigen teils deutlich weniger).

122 Muckli, L. (2010): What are we missing here? Brain imaging evidence for higher cognitive functions in primary visual Cortex V1. *International Journal of Imaging Systems and Technology* 20, S. 131–139.

123 Brugger, P. & Brugger, S. (1993): The easter bunny in october: Is it disguised as a duck? *Perceptual & Motor Skills 76*, S. 577–578.

124 Clark, A. (2013): Whatever next? Predictive brains, situated agents, and the future of cognitive science. *Behavioral and Brain Sciences* 36, S. 1–73.

125 Libet, B. et al. (1983): Time of conscious intention to act in relation to onset of cerebral activity (readiness-potential): The unconscious initiation of a freely voluntary act. *Brain* 106, S. 623–642 (ausführlich diskutiert in Libets Buch *Mind time – Wie das Gehirn Bewusstsein produziert*. Frankfurt am Main: Suhrkamp 2005).

126 Ob wir uns aus freiem Willen für eine Handlung entscheiden, hat nichts damit zu tun, dass dem ein neurophysiologisches Signal vorausgeht: Ein vollkommen grundloses Agieren aus heiterem Himmel wäre ja nicht Freiheit, sondern das Gegenteil. Nur wenn wir auf der Basis eigener Urteile und Entschlüsse (ob bewusst oder unbewusst) eine Bewegung initiieren, können wir sagen, dass es aus freien Stücken geschah.

127 Befunde von Hirnforschern legen nahe, dass Handlungen lange vor dem bewussten Entschluss im Gehirn angebahnt werden. Es ist sogar möglich, manche experimentell vorherzusagen. Das

sorgte für Diskussionen über die Frage, ob der bewusste Wille handlungsentscheidend ist. Zwingend notwendig ist das wohl nicht.

128 Hohwy, J. (2013): The Predictive Mind. Oxford: Oxford University Press, S. 86.

129 Mason, M. F. et al. (2007): Wandering minds: The default network and stimulus-independent thought. *Science* 315, S. 393–395.

130 Axelrod, V. et al. (2015): Increasing propensity to mind-wander with transcranial direct current stimulation. *Proceedings of the National Academy of Sciences of the* USA 112, S. 3314–3319.

131 Wie, D. et al. (2014): Increased resting functional connectivity of the medial prefrontal cortex in creativity by means of cognitive. *Cortex* 51, S. 92–102.

132 Christoff, K. et al. (2009): Experience sampling during fMRI reveals default network and executive system contributions to mind wandering. *Proceedings of the National Academy of Sciences of the* USA 106, S. 8719–8724.

133 Smallwood, J. & Schooler, J. W. (2015): The science of mind wandering: Empirically navigating the stream of consciousness. *Annual Review of Psychology* 66, S. 487–518.

134 Mason, M. F. et al. (2007): Wandering minds: The default network and stimulus-independent thought. *Science* 315, S. 393–395.

135 Killingsworth, M. A. & Gilbert, D. T. (2010): A wandering mind is an unhappy mind. *Science* 330, S. 932.

136 Hobson, J. A. & Friston, K. J. (2012): Waking and dreaming consciousness: Neurobiological and functional considerations. *Progress in Neurobiology* 98, S. 82–98.

137 Kühn, S. et al. (2014): The importance of the default mode network in creativity – a structural MRI study. *The Journal of Creative Behavior* 48, S. 152–163.

138 Baird, B. et al. (2012): Inspired by distraction: Mind wandering facilitates creative incubation. *Psychological Science* 23, S. 1117–1122.

139 Buckner, R. L. et al. (2008): The brain's default network – anatomy, function, and relevance to disease. *Annals of the New York Academy of Sciences* 1124, S. 1–38.

140 Spunt, R. P., Meyer, M. L. & Lieberman, M. D. (2015): The Default Mode of Human Brain Function Primes the Intentional Stance. *Journal of Cognitive Neuroscience* 27, S. 1116–1124.

141 Sheline, Y. I. et al. (2009): The default mode network and self-referential processes in depression. *Proceedings of the National Academy of Sciences* USA 106, S. 1942–1947, sowie Sripada, R. K. et al. (2012): Neural dysregulation in posttraumatic stress disorder: Evidence for

    disrupted equlibrium between salience and default mode brain networks. *Psychosomatic Medicine* 74, S. 904–911.

142 Hasenkamp, W. et al. (2012): Mind wandering and attention during focused meditation: A fine-grained temporal analysis of fluctuating cognitive states. *NeuroImage* 59, S. 750–760.

143 Wilson, T. et al. (2014): Just think: The challenges of the disengaged mind. *Science* 345, S. 75–77.

144 Siehe Aschersleben, G. (2006): Early development of action control. *Psychology Science* 48, S. 405–418

145 Siehe Lenton, A. P., Slabu, L. & Sedikides, C. (2016) State authenticity in everyday life. *European Journal of Personality* 30, S. 64–82 sowie Lenton, A. P. et al. (2013) How does ›being real‹ feel? The experience of state authenticity. *Journal of Personaltiy* 81, S. 276–289

146 Lenton, A. P., Slabu, L. & Sedikides, C. (2016), S. 78

147 Crichton, F. et al. (2014): The power of positive and negative expectations to influence reported symptoms and mood during exposure to wind farm sound. *Health Psychology online* DOI: 10.1037/hea0000037.

148 Biesiekierski, J. R. et al. (2013): No Effects of Gluten in Patients with Self-Reported Non-Celiac Gluten Sensitivity After Dietary Reduction of Fermentable, Poorly Absorbed, Short-Chain Carbohydrates. *Gastroenterology* 145, S. 320–328.

149 Laut einer Umfrage unter rund 2500 Deutschen im Auftrag von SpiegelOnline 2014.

150 Was nicht heißt, derartige Beschwerden seien bloß eingebildet. Es gibt medizinisch nachweisbare Mechanismen, die zu Unverträglichkeiten führen. Doch sind sie viel seltener als die berichteten Syndrome.

151 Zschorlich, B. et al. (2015): Gesundheitsinformationen im Internet: Wer sucht was wann und wie? *Zeitschrift für Evidenz, Fortbildung und Qualität im Gesundheitswesen* 109, S. 144–152.

152 Brindle, K. et al. (2015): Is the relationship between sensory-processing sensitivity and negative affect mediated by emotional regulation? *Australian Journal of Psychology* 67, S. 214–221.

153 Kaptchuk, T. J. et al. (2010) Placebos without deception: A randomized controlled trial in Irritable Bowel Syndrome. PLOS *one* 22. Dezember und Kelley, J. M. et al. (2012) Open-label Placebo for Major Depressive Disorder. *Psychotherapy and Psychosomatics* 81, S. 312–314.

154 Csikszentmihalyi, M. (1990): Flow. New York: Harper.

155 Zur Qualität solcher Erfahrungen siehe: McDonald, M. (2008): The nature of epiphanic experiences. *Journal of Humanistic Psychology* 48, S. 89–115.

156 Martin Seel (2014): Aktive Passivität. Über den Spielraum des Denkens, Handelns und anderer Künste. Frankfurt am Main: S. Fischer, S. 215.

157 Ebd., S. 210.

158 In *Stephen Hero* (1944 postum unter dem Titel *Portrait des Künstlers als junger Mann* erschienen) beschreibt er sie als als »sudden spiritual manifestation, whether in the vulgarity of speech or of gesture or in a memorable phrase, of the mind itself«.

159 Richard Ellmann (1994): James Joyce. Frankfurt am Main: Suhrkamp, S. 142.

160 Lodge, D. (1992): The Art of Fiction. London: Penguin, S. 146.

161 Siehe auch Sramkova, B. (1998): Epiphany as a mode of perception. The Origin of Joyce's ›Ulysses‹. Norderstedt: Grin, S. 17.

162 Schiller, F.: Sämtliche Werke. Bd. V: Philosophische Schriften, vermischte Schriften. München: Winkler 1968, S. 358.

163 Berndt, C. (2013): Resilienz. Das Geheimns der psychischen Widerstandskraft. München: dtv, S. 228.

164 Gordon, N. S. et al. (2003): Socially-induced brain »fertilization«: Play promotes brain derived neurotrophic factor transcription in the amygdala and the dorsolateral frontal cortex in juvenile rats. *Neuroscience Letters* 341, S. 17–20.

165 Das von Marc Runco geleitete Center for Childhood Creativity brachte eine Übersicht zu den wichtigsten Faktoren heraus, die laut rund 100 Studien die Problemlösekompetenz am besten fördern. Spielen rangiert hier weit oben (siehe Jaeger, G. J. & Hadani, H. (2015): Inspiring a Generation to Create: Critical Components for Creativity in Children. *White Paper* 3, online: http://www.centerforchildhoodcreativity.org/research-initiatives.

166 Kim, K. H. (2011): The Creativity Crisis: The Decrease in Creative Thinking Scores on the Torrance Tests of Creative Thinking. *Creativity Research Journal* 23, S. 285–295.

167 Hirsh-Pasek, K. et al. (2009): A Mandate for Playful Learning in Preschool: Presenting the Evidence. New York: Oxford University Press.

168 Sommer-Himmel, R. & Maksim, M. (2006): Im Himmel haben alle Flügel. *Gehirn&Geist* 4, S. 22–26.

169 www.statista.de.

170 Laut eine Studie mit rund 1000 US-Amerikanern sind spirituell gesinnte Menschen im Schnitt weniger anfällig für Depressionen (siehe Maselko, J. & Buka, S. (2008): Religious activity and lifetime prevalence of psychiatric disorder. *Social Psychiatry and Psychiatric Epidemiology* 43, S. 18–24).

171 Druhigg, C. (2012): Die Macht der Gewohnheit. Warum wir tun, was wir tun. Berlin: Berlin Verlag, S. 144.

172 Ebd.

173 Dobrinski, M. (2015): Das Glücksdogma. *Süddeutsche Zeitung* 10./11. Oktober, S. 53.

174 Selbst die Geneexpression nach Lust- und Sinnerfahrungen fällt verschieden aus: Fredrickson, B. L. et al. (2013): A functional genomic perspective on human well-being. *Proceedings of the National Academy of Sciences* USA 110, S. 13684–13689.

175 Freud, S. (1993): Das Unbehagen in der Kultur. Frankfurt am Main: S. Fischer, S. 75.

176 Ebd.

177 Gruber, J., Mauss, I. B. & Tamir, M. (2011): A dark side of happiness? How, when, and why happiness is not always good. *Perspectives on Psychological Science* 6, S. 222–233.

178 Tamir, M., & Ford, B. Q. (2012): Should people pursue feelings that feel good or feelings that do good? Emotional preferences and well-being. *Emotion* 7, S. 1061–1071.

179 Schlecht gelaunte Menschen urteilen oft genauer als Frohnaturen und sind weniger anfällig für Manipulationen (siehe Storbeck, J. & Clore, G. L. [2005]: With sadness comes accuracy; with happiness, false memory. Mood and the false memory effect. *Psychological Science* 16, S. 785–791).

180 Wie leicht der Glaube, wir könnten alles steuern, in die Irre führt, zeigt Wegner, D. M. (1994): Ironic processes of mental control. *Psychological Review* 101, S. 34–52.

181 Gelernter, D. (2016) Gezeiten des Geistes. Berlin: Ullstein, S. 67

Ausblick: Die Zukunft unseres Denkens

182 Siehe Markowetz, A. (2015): Digitaler Burnout. Warum unsere permanente Smartphone-Nutzung gefährlich ist. München. Droemer.

183 Goleman, D. (2013): Konzentriert euch! München: Piper, S. 16.

184 Siehe Appel, M. & Schreiner, C. (2014): Digitale Demenz? Mythen und wissenschaftliche Befundlage zur Auswirkung von Internetnutzung. In: *Psychologische Rundschau* 65, S. 1–10.

185 Für eine aktuelle Übersicht zur psychologischen Medienwirkungs-

forschung siehe: Appel, K. und Retzbach, J. (2015): Hier und doch woanders. *Gehirn&Geist* 11, S. 38–43.

186 Del Vicario, M. et al. (2016): The spreading of misinformation online. *Proceedings of the National Academy of Sciences* USA 113, S. 554–559.

187 Johnson, S. (2013): Woher die guten Ideen kommen. Eine kurze Geschichte der Innovation. Bad Vilbel: Scoventa, S. 135.

188 Helbling, D. et al. (2015): Digitale Demokratie statt Datendiktatur: Big Data, Nudging, Verhaltenssteuerung. *Spektrum der Wissenschaft* 15, online abrufbar unter www.spektrum.de/t/das-digital-manifest.

189 Wie sehr die mediale Panikmache die Einstellungen und das Verhalten von Menschen beeinflusst, zeigt unter anderem diese Metastudie: Tannenbaum, M. B. et al. (2015): Appealing to fear: A meta-analysis of fear appeal effectiveness and theories. *Psychological Bulletin* 141, S. 1178–1204.

190 Steiner, G. (2008): Warum denken traurig macht. Frankfurt am Main: Suhrkamp, S. 29.

Personenregister

Sachregister